邺城
文物菁华

中国社会科学院考古研究所
河北省文物考古研究院　编著
临漳县文化广电和旅游局

文物出版社

ANCIENT TREASURES FROM YE CITY

The Institute of Archaeology, Chinese Academy of Social Sciences
Hebei Provincial Institute of Cultural Relics and Archaeology
Linzhang County Bureau of Culture, Radio, Television and Tourism

Cultural Relics Press
Beijing

凡 例

◎ 本书为邺城出土文物专辑，所选文物标本主要包括两方面：
发掘出土文物和非发掘出土文物。其中，发掘出土文物均为
邺城考古队在邺城遗址和磁县北朝墓群调查、发掘所获；非
发掘出土文物，主要为临漳县文物保管所历年采集、征集品。

◎ 全书分为六个单元：魏武雄才，崭新都城（曹魏时期邺城）；
民族融合，文化激荡（西晋十六国时期邺城）；技艺荟萃，
规划超群（东魏北齐时期邺城）；京畿寺院，宏伟伽蓝（东
魏北齐时期邺城佛寺）；中原佛都，邺中样式（邺城佛教造像）
和巍巍陵墓，艺术殿堂（东魏北齐时期陵墓群）。

◎ 所选文物以文物类别和时代先后为序，一般遗址出土文物在
前，墓葬出土文物在后，个别采集、征集品置于最后。

◎ 文物说明包括名称、编号、年代、出土或采集时间及地点、
收藏或保存单位、尺寸、特征描述诸项。

◎ 器物编号为该器物所属收藏或保存单位各自的原始编号。

◎ 本书标注的曹魏、后赵、前燕三朝的绝对年代，均特指相关
王朝在邺城建城活动时期，分别为 204～265 年、335～350 年、
357～370 年，与王朝起讫年代不完全一致。

目　录

第二单元　民族融合　文化激荡（西晋十六国时期邺城）

第三单元　技艺荟萃　规划超群（东魏北齐时期邺城）

第四单元 京畿寺院 宏伟伽蓝（东魏北齐时期邺城佛寺）

第五单元 中原佛都 邺中样式（邺城佛教造像）

第六单元　巍巍陵墓 艺术殿堂（东魏北齐时期陵墓群）

前言

邺城遗址，位于河北省临漳县西南约20千米处，由南北毗连的两座古城组成，曾是曹魏、后赵、冉魏、前燕、东魏、北齐六个王朝的都城，该遗址1988年被国务院公布为第三批全国重点文物保护单位。

邺城屡遭人为破坏与自然毁坏，古城遗迹几乎全部湮没于地下，现地表仅存铜雀三台局部。1983年中国社会科学院考古研究所、河北省文物研究所组成邺城考古队，开始长期持续的考古勘探、发掘工作。

曹魏邺城又称邺北城，为十六国时期的后赵、冉魏、前燕王朝改建、沿用。经过考古工作，逐渐确认了曹魏邺城的城墙、城门、道路、主要宫殿等遗迹；可知其平面格局大致呈横长方形，东西2400～2620米、南北1700米（图一）；从正南城门中阳门经过中阳门内大道、宫城正南门到宫城正殿文昌殿，构成了贯穿全城的中轴线。一座宫殿、一组宫殿建筑群规划出中轴线，其渊源可以追溯到夏商王朝时期，但是整座都城出现统一规划的中轴线，曹

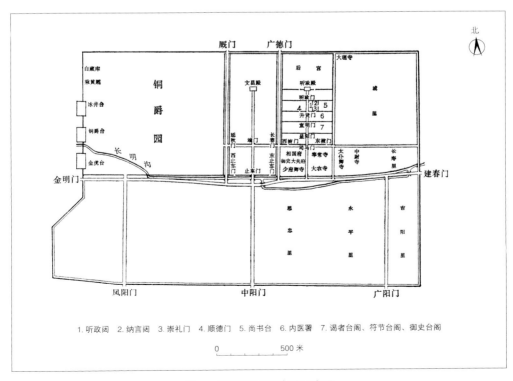

1. 听政闼　2. 纳言闼　3. 崇礼门　4. 顺德门　5. 尚书台　6. 内医署　7. 谒者台阁、符节台阁、御史台阁

0　　　　　500 米

图一　曹魏邺城平面复原示意图

魏邺城是目前可以确认的最早的实例。

　　曹魏邺城南面紧邻的是东魏北齐邺城，又称邺南城。公元534年，北魏分裂，东魏孝静帝元善见在权臣高欢的挟持下迁都邺城，"诏下三日，车驾便发，户四十万狼狈就道"（《北齐书·神武纪》），邺城再次成为都城。东魏武定八年（550），高洋称帝建立北齐后，仍以邺城为都。经邺城考古队的工作，确认东魏北齐邺城之内城为东西2800米、南北3460米的纵长方形（图二）。该城池弯曲的城墙、均匀分布的"马面"、弧形城墙拐角、宽阔护城河等构成独特的防御体系，城池中央偏北坐落纵长方形宫城。北齐晚期政治腐败、民族矛盾激化，出现"官由财进，狱以贿成"（《北齐书·幼主纪》）的局面。在此形势下，北周武帝宇文邕联手南陈、北结突厥，于577年攻下邺城，北齐灭亡。大象二年（580）尉迟迥"聚徒百万"，"称兵邺邑"（《隋书·高祖纪》），同年叛乱被平定后邺城居民悉数南迁至相州（今安阳），邺城遂遭彻底破坏。

　　三国至北朝的邺城，其都城布局前承秦汉，后启隋唐，是中国古代都城发展史上的里

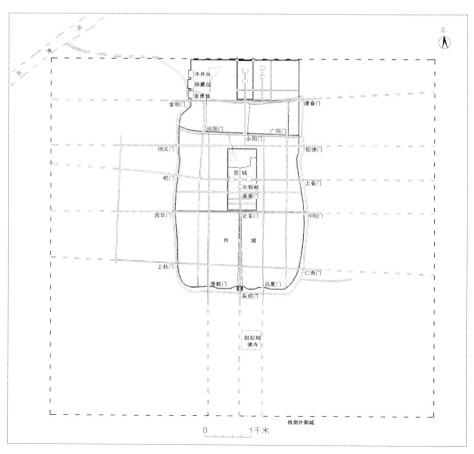

图二　东魏北齐邺城平面复原示意图

程碑之一。它的单一宫城制度、全城中轴对称格局、整齐明确功能分区的设计理念，为唐宋以后的中国历代都城建设所承袭，对中国古代都城甚至东亚地区古代都城的规划建设产生了深远的影响。至 20 世纪末，邺城考古队通过持续勘探、发掘与综合研究，初步推断在更大范围还存在东魏北齐邺城的外郭城或外郭区。进入 21 世纪，邺城考古队先后在外郭区发现了赵彭城北朝佛寺遗址（图三）、北吴庄佛教造像埋藏坑等一批重要遗迹和遗物，为东魏北齐邺城的全面研究提供了重要的资料。

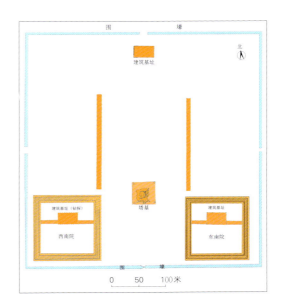

图三　赵彭城北朝佛寺遗址平面图

　　本书刊布的文物，精选于邺城考古队的发掘品和临漳县文物保管所的收藏品。这些精美文物与邺城遗迹，共同诠释了邺城遗址的重要性。如果说邺城在中国古代城址中具有唯一性，那这里出土的一些文物在全国文物界也是独具特色的。

　　尽管邺城在 3 ~ 6 世纪未持续作为北方政治中心，但是该地区却长期积淀了深厚的文化艺术、科学技术和宗教民俗等传统，是当时中国北方的文化中心之一。邺城的曹魏时期建安文学、十六国时期建筑技术、东魏北齐时期佛教艺术等等，无不对后世有着持续而深远的影响。邺城遗址发现的重要遗迹让我们了解到都城规划思想与格局，这里出土的精美文物更将停留在平面图纸上的古代都城，立体生动地呈现在我们面前。铜雀三台出土文字刻石的古朴，仿佛让我们感受到建安文学的磅礴；十六国建筑砖石装饰艺术的中西合璧风格，让我们实实在在地看到了民族融合的生机；东魏北齐高品质的陶瓷器皿、灵动的壁画与雕塑作品，就是隋唐文明美妙的序章。

　　这批精美的文物现大多展陈于 2012 年开馆的邺城博物馆内。人们今天悠闲流连于博物馆，欣赏邺城文物之美、感受邺城魅力的时候，得益于临漳县委、县政府倾力打造的邺城博物馆。邺城博物馆、临漳县文物保管所、邺城考古队集中在环境优美的博物馆园区内，这种将文物展示、遗址保护、考古科研三家机构集中一处的三位一体大遗址管理模式，为邺城遗址今后全面保护、研究和科学利用奠定了良好的基础。

　　邺城文物正以其独特的历史价值、科学价值和艺术价值，唤起学术界与民众对于它的关注，唤起社会对于汉唐之间社会大变革的思考。

金凤台遗址

邺始建于春秋时期，战国时为魏国邺县的治所，两汉时期为魏郡的治所。邺地据河北河南之襟喉，贯通南北，是传统农业发达、经济最为繁荣的区域之一，为豪强称雄必争之地。东汉末年，邺为冀州牧袁绍据地，是华北平原统治的中心。官渡之战，曹操击败袁绍，后于建安九年（204）攻克邺城，并开始大规模营建活动，此为曹魏邺城（也称为邺北城）。魏文帝黄初元年（220），曹丕称帝，定都洛阳，邺城为王业之本基，乃定为曹魏王朝的五都之一。曹魏邺城是当时北方繁华而崭新的都市，是政治、经济和文化的中心。曹魏邺城以其独具特色的都城规划，开启了中国古代都城的全新模式，成为中国古代都城发展史上的一个里程碑。

云纹瓦当 文1446

汉魏时期
景隆村征集
临漳县文物保管所藏

直径 21.5、厚 2.5、残长 13.2 厘米

泥质灰陶。模制。檐头瓦构件。瓦当当心为一圆形大乳丁，其上饰柿蒂纹，当面模制中轴对称四个卷云纹，其间以三道竖线隔开，外缘为一周锯齿纹和凸弦纹，当面略低于边轮。瓦当后部衔接筒瓦，筒瓦凸面光素，与瓦当衔接处内侧可见抹泥痕。

 绳纹筒瓦 90JYT27 ③:44

汉魏时期
1990 年邺镇村北 T27 出土
邺城考古队存

长38.5、宽13～13.5、厚1～1.8厘米，瓦舌长2.6、宽10.1、厚0.7厘米。
泥质灰陶。模制。凸面粗绳纹、凹面麻点纹，凸面接近瓦舌部分和瓦身下缘局
部抹平，侧缘可见内切痕迹。

 绳纹板瓦 90JYT27②a:38

汉魏时期
1990 年邺镇村北 T27 出土
邺城考古队存

长39、宽27.6～32、厚1～2厘米
泥质灰陶。模制。凹面麻点纹、凸面粗绳纹，两面接近上缘处局部抹平，侧缘
可见内切痕迹。

陶砖 84JYT10 ⑥ :003（左）、002（中前）、004（中后）、005（右）

汉魏时期
1984 年三台村西金凤台遗址 T10 出土
邺城考古队存

左长 30.6、宽 15.5、厚 5.8 厘米，中前残长 20、宽 19.9、厚 7 厘米，中后长
31、宽 15、厚 6 厘米，右长 31.3、宽 15.3、厚 6.4 厘米
泥质灰陶。模制。砖大小、厚薄、纹饰不一，具有多种不同用途。

 排水构件 90JYT27①:303

汉魏时期

1990 年邺镇村北 T27 出土

邺城考古队存

长46.2、直径36.8～40.5、厚0.6厘米

泥质红陶。模制。城墙坡面排水构件。截面呈半圆筒形，凹面麻点纹，凸面粗绳纹，为便于多个构件间相互衔接，接近上缘部分局部进行了抹光处理。

 排水管 90JYT27⑨a:34

汉魏时期
1990 年邺镇村北 T27 出土
邺城考古队存

长42.3、直径22.6～26.5、厚1～2厘米
泥质灰陶。模制。城墙坡面排水构件。截面呈圆筒形，两端作子母口状，外表
饰粗绳纹，接近上缘部分局部抹平。

 青石角螭首 S6JYT13⑥:16

汉魏—北朝
1986 年三台村西铜雀台遗址 T13 出土
邺城考古队存

通长 192、螭首长 104、高 48 厘米

石质。出土于铜雀台遗址东魏、北齐时期地层中。螭首微上昂，大口张开，牙齿毕露，口内尚残存红彩，造型夸张华丽。前段打磨光滑，后段粗糙部分仍保留垒砌砖痕迹。螭首后段衔接处特征显示其应为角螭首，是高台建筑台基顶部、围栏拐角望柱下突出台体的构件。

文字刻石残块 84JYT11③:4

汉魏时期
1984年三台村西铜雀台遗址T11出土
邺城考古队存

残长29、宽13～20.5、厚7.2～11厘米
石质。石块正面打磨光滑，镌刻隶书文字，内容为
"台东面北头第四……南北长六丈三尺……大者如
四五□……"似记述建筑规模和石块所在位置。

青石墓门 94JYM1001:1

汉魏时期
1994年板屯村东北京港澳高速公路M1001出土
邺城考古队存

宽110、高134、厚9.4厘米
石质。由门楣、门柱、门扇和门槛四部分组成，
除门扇已残外，余均保存完好。门楣作五花山墙
状，正面浅浮雕方胜、凤鸟和连弧纹垂幔等图案；
门扇分左、右两扇，正面浮雕铺首衔环，背面浮
雕垂鱼；门槛正面浮雕连弧纹垂幔和卧鱼图案，
门轴凹槽保存完好。

（图中石门扇据残件复原）

剪轮"五铢"铜钱

东汉中晚期
邺城遗址采集
临漳县文物保管所藏

直径 2.2、孔径 1、厚 0.1 厘米
铜质。无外郭，"五"字交笔弯曲，"金"字头较小，"朱"字头方折。

 ## 小铜人　文 1193

汉魏时期
务西村西南坑出土
临漳县文物保管所藏

通高 3.3 厘米
铜质。小铜人全身赤裸，盘腿坐姿，面部作微笑状，左手抬起，掌中托圆形物，
右手握鱼形物置于腰际，形体比例适中，造型逼真写实。

 铜鼎 94JYM1214:7

西汉初期
1994 年上柳村东京港澳高速公路 M1214 出土
邺城考古队存

口径 18.8、通高 25.5 厘米
铜质。由鼎盖和鼎身两部分组成。鼎盖作覆钵状，顶部中心对称分布三个环形
纽，其一残；鼎身子母口、弧腹、三蹄形足，口部左右对称分布两个环形立耳，
腹部有一周凸棱，一足中部有修补痕迹。

 铜鉴 文 1457

东汉（25～220）
2006 年洪山村东南漳河河道内汉墓出土
临漳县文物保管所藏

口径 34、厚 0.5、高 11.5 厘米
铜质。敞口、折沿、弧腹、平底，底部有两对称环形小足，通体光素无纹。

 铜碗 94JYM1265:3

汉魏时期
1994年上柳村东南京港澳高速公路 M1265 出土
邺城考古队存

口径 19.2、底径 5.4、厚 0.1、通高 6.7 厘米
铜质。敞口、平折沿、弧腹、小圈足，通体光素无纹。

 铜鐎斗 文152

汉魏时期
上柳村南太平渠出土
临漳县文物保管所藏

口径 17.3、高 10.3、柄长 11.6 厘米
铜质。敞口、斜折沿、弧腹、三蹄形足，龙首形柄作 "S" 形。

 铜熨斗 文 572

汉魏时期
西太平村西北太平渠闸口附近出土
临漳县文物保管所藏

通长 37.6、柄长 22.4、口径 15.4、高 4.8 厘米
铜质。长条状执柄，器身圆形，侈口、折沿、弧腹、圜底。使用时在器身内搁
置木炭，用于熨烫衣服。

 铜铃 94JYM1214:12、13、15

西汉初期
1994 年上柳村东京港澳高速公路 M1214 出土
邺城考古队存

宽4.6～5.6、高5.5～6.7厘米
铜质。桥形纽，铃身呈钟形，表面饰网格纹，内悬三角形铃舌。古代乐器之一。

 铜马镳 文513、文514

东汉（25～220）
邺镇桥南西60米汉墓出土
临漳县文物保管所藏

通长13～13.8、厚0.15～0.7厘米
铜质。呈S形，为马具组成部分，与马衔、缰绳组合使用于马头部，用于防止
马匹在行进中的咀嚼行为。

 连弧纹日光镜 文 426

西汉（前206～8）

1981年务西村西南地出土

临漳县文物保管所藏

直径7.2、厚0.35厘米

铜质。圆形，镜背中心为圆形镜纽，内区一周连弧纹，外区一周篆书铭文"见日之光，天下大白"，铭文间以云形和菱形符号间隔，外区内、外侧各一周方格纹条带。

 "君宜高官"连弧纹镜 文420

东汉中晚期
时固村征集
临漳县文物保管所藏

直径10.3、厚0.3厘米
铜质。圆形，镜背中心为圆形镜纽，内区一周四蝠纹，四蝠纹间篆书铭文"君宜高官"，外区一周连弧纹。

 "位至三公"四蝠纹镜 94JYM1005:4

汉魏时期
1994 年板屯村东北京港澳高速公路 M1005 出土
邺城考古队存

直径 10.4、厚 0.25 厘米
铜质。圆形，镜背中心为圆形镜纽，其周围为一周四蝠纹，中间以变形草叶纹间隔，
四蝠纹内侧篆书铭文"位至三公"，四蝠纹外侧为两周凸弦纹。

"建初四年"铜鼎 _{文 39}

东汉建初四年（79）
1975 年东太平村汉墓出土
临漳县文物保管所藏

口径 12.8、通高 16.1 厘米

铜质。鼎身子母口微敛、鼓腹、圜底、三蹄形足，口沿两侧对称分布环形立耳，上腹部有一周平折沿，折沿一侧上部阴刻铭文，字迹潦草，铭文内容为"建初四年四月廿日丙戌郑伯铜鼎百五什作伍横造重七斤半"。该鼎为邺城地区目前唯一具有明确纪年的铜鼎。

 陶鼎

东汉中晚期
1975年东太平村汉墓出土
临漳县文物保管所藏

口径18～18.8、通高29.3厘米
泥质灰陶。敛口、鼓腹、圜底、三蹄形足，上腹部有一圈平折沿，左右对称两
个环形立耳，其一残，下腹部局部可见四周戳印纹，通体光素，局部残留白彩，
疑原有彩绘。

 釉陶罐 文口

东汉中晚期
1975 年东太平村汉墓出土
临漳县文物保管所藏

口径12.5、底径13、高22～22.4厘米
泥质红陶。直口、溜肩、鼓腹、平底微内凹，腹部有一周凹棱，外表下腹部以
上施绿釉，局部流釉至底部。

 陶方案 文26

东汉中晚期
1975 年东太平村汉墓出土
临漳县文物保管所藏

长60、宽39～40.6、厚2.1厘米
泥质灰陶。平面呈长方形,案面局部残留红彩和黑色陶衣,彩绘脱落,内容不清。

 陶龟

东汉中晚期
1975 年东太平村汉墓出土
临漳县文物保管所藏

通长 33、宽 24.5、高 19.9 厘米
泥质灰陶。龟状，颈部弯曲作 S 形，身躯厚大，四长方形小足，底部有
一近方形孔，体内中空，头、背部局部残留白色底彩，推测原有彩绘。
该种器物在同时期墓葬中尚未见到同例，推测与四灵之"玄武"或有关联。

 釉陶井 文37

东汉中晚期
1975 年东太平村汉墓出土
临漳县文物保管所藏

底径 18.8、通高 41.4 厘米
泥质红陶。陶井呈口小底大圆筒形，腹部有两
周凹棱，圆形仿木构井栏，井栏顶部塑出四阿
顶样式屋顶。陶井外表遍施绿釉。

 釉陶灶 之30

东汉中晚期
1975 年东太平村汉墓出土
临漳县文物保管所藏

通长 30、宽 25.3、高 23.3 厘米
泥质红陶。陶灶平面呈椭圆形，灶面有一大两小三口陶釜，烟囱呈方柱状位于
后端，对称位置塑出一道较矮风火山墙，灶门呈近方形，位于山墙下部。陶灶
及釜外表均遍施绿釉。

陶井 94JYM1005:1

汉魏时期
1994 年板屯村东北京港澳高速公路
M1005 出土
邺城考古队存

底径 13、通高 41.4 厘米
泥质灰陶。陶井呈不规则圆筒形，井
字形仿木构井栏，井栏顶部塑出"四
阿顶"样式屋顶。

 陶灶 94JYM1005:2

汉魏时期

1994年板屯村东北京港澳高速公路 M1005 出土

邺城考古队存

长33.6～34、宽26.2～26.4、通高19.5厘米

泥质灰陶。陶灶平面呈长方形，灶面三个灶眼略凸起，其一上置陶釜，灶面刻画出刀、鱼等图案，烟囱口呈圆形。

 陶猪圈  '94JYM1005:8（猪）、9（猪）、27（圈）

汉魏时期

1994 年板屯村东北京港澳高速公路 M1005 出土

邺城考古队存

猪圈长29.5、宽22.1、通高21.8厘米，猪长16.3～16.5、高7.5～7.6厘米

泥质灰陶。猪圈由陶厕和圈栏组成。陶厕为二层阁楼式，阁楼略呈圆柱状，

方形门洞，屋顶为四阿顶；圈栏平面呈方形，一侧塑出斜坡道直抵陶厕，

圈栏一角与陶厕相通，圈栏内有陶猪两头，作俯食状。

 陶方箧 95JYM2:25

汉魏时期

1995 年板堂村东南 M2 出土

邺城考古队存

箧盖长35、宽15.7～15.9、高15.7厘米，箧身长31.5、宽13、高10.6～11.2厘米
泥质灰陶。由箧盖和箧身两部分组成，箧盖上部呈长方形覆斗状，顶部四角各
有一乳丁状纽，下部呈长方体状，箧身呈中空长方体状，通体光素无纹。该器
为竹木质方箧的模型明器。

 陶方案 94JYM1207:22

汉魏时期

1994 年上柳村西京港澳高速公路 M1207 出土

邺城考古队存

长 59、宽 41、厚 2.3 厘米

泥质灰陶。陶案平面呈长方形，正面有三圈呈回字形等距分布的白彩窄条带，
将案面分隔成四个区域：内区和外中区在灰褐色底彩上彩绘图案，依稀可辨有
青龙、白虎和云气纹等，一般以墨线勾勒、红、白彩晕染；内中区和外区施黑彩。

 陶耳杯 94JYM1207:05

汉魏时期
1994 年上柳村西京港澳高速公路 M1207 出土
邺城考古队存

口长 13、口宽 9.8、高 3.8 厘米
泥质灰陶。平面呈椭圆形，侈口、弧腹、平底，口沿两侧对称分布半椭圆形双耳，
耳杯内底涂朱，近口沿处有一圈白色连珠纹，外表压光无纹饰。

 陶碗 94JYM1207:17

汉魏时期
1994 年上柳村西京港澳高速公路 M1207 出土
邺城考古队存

口径15.8～16、底径9.8、高6厘米
泥质灰陶。侈口、弧腹较直、平底，内底涂朱，外表压光，近口沿处有两圈凹弦纹，
下腹部局部有红彩勾勒图案，内容脱落不清。

 陶盘 94JYM1207:10

汉魏时期

1994 年上柳村西京港澳高速公路 M1207 出土

邺城考古队存

口径 17.3、底径 12.7、高 2.8 厘米

泥质灰陶。敞口略外撇、斜壁、平底，内底分内外两区，外区涂朱，内区和内
壁施一层黑色陶衣，脱落较严重，外壁光素无纹。

陶勺 94JYM1207:14

汉魏时期
1994 年上柳村西京港澳高速公路 M1207 出土
邺城考古队存

长 16.3、高 11.2 厘米
泥质灰陶。勺身呈椭圆形，内壁涂朱，勺柄作
C 形龙首状，制作生动，勺柄局部残存白色底
彩，推测原有彩绘。

陶尊 94JYM1207:15

汉魏时期
1994 年上柳村西京港澳高速公路 M1207 出土
邺城考古队存

口径 22～22.4、底径18.5、高20.3厘米
泥质灰陶。圆筒状，底部略内收，内壁光素无纹，外表残存红、黑彩图案，依
稀可辨以四组双红色条带将外表分隔成上下五个部分，中区有红色彩绘图案，
内容不清。

陶魁 94JYM1207:01

汉魏时期
1994 年上柳村西京港澳高速公路 M1207 出土
邺城考古队存

口长 16、口宽 11.6～13、柄长 7.5、通高 6～7.5 厘米
泥质灰陶。魁口呈不规则长方形，侈口略外撇、斜壁、平底，魁柄作短龙首状。
魁身内壁涂朱，外壁及魁柄压光，局部残存白色底彩，推测原有彩绘。

 陶豆 94JYM1207:18

汉魏时期
1994 年上柳村西京港澳高速公路 M1207 出土
邺城考古队存

口径15～15.4、底径19.4～20.3、通高24厘米
泥质灰陶。豆盘敞口、斜壁，细长柄，覆钵形底座，豆柄上下部局部有戳印纹，底座仿博山炉模印三角形条带和云气纹等。该器豆盘较小、底座较大，推测应作灯具使用。

 陶炉 94JYM1207:4

汉魏时期
1994 年上柳村西京港澳高速公路 M1207 出土
邺城考古队存

口径 17、高 7.7 厘米
泥质红陶。炉盖和承盘均佚失，仅存炉身部分。炉身侈口、弧腹、圜底、乳丁
状三足，内壁近口沿处可见支撑炉盖的尖状凸起，腹部对称分布一周三个长方
形镂孔，底部一周三个半月形镂孔。外表近口沿处有两周凹棱。

 "柏刲印信""柏刲""子瑜"铜三套印

东汉（25～220）

1981年西太平村汉墓出土

临漳县文物保管所藏

大印边长2.4、高3.6厘米，中印边长1.3、高2.1厘米，小印边长1.1、高0.65厘米
铜质。一组三套印，印面均为正方形，大印为天禄纽、中印为狮纽、小印为桥形纽，
印文为阳文篆书，依次为"柏刲印信""柏刲""子瑜"。该组套印形制较为独特，
应为私印。

"部曲将印"铜印 文 1325

汉魏时期
邺城遗址征集
临漳县文物保管所藏

边长 2.4、高 2.1 厘米
铜质。印面正方形，桥形纽，印文为阴文篆书"部曲将印"。部曲是汉代军队编制单位，部曲将为统领部曲的将领，归部曲督管。官职始设于东汉末年，魏晋沿用，属于军队下层武官。

"别部司马"铜印 文 1329

汉魏时期
1993 年洪山村南漳河河道内采集
临漳县文物保管所藏

边长 2.5、高 2.3 厘米
铜质。印面正方形，桥形纽，印文为阴文篆书"别部司马"。别部司马一职始设于汉代，为军队中临时领营属官，所率兵士数目随时宜而定，属于军队下层武官。

 铜弩机 94JYM510:2

魏晋时期
1994 年芝村东北京港澳高速公路 M510 出土
邺城考古队存

长 16、宽 4.4、高 19.4 厘米
铜质。由机身、机键、钩牙、望山和悬刀等部分组成，保存完好，是古代弩弓
的核心组成部分。

潜伏城门遗址

经过短暂的统一，建兴四年（316），西晋灭亡。晋室南迁建康，史称东晋。同时期的中国北方进入十六国时期，在这一历史阶段邺城再次成为国都。后赵（335~350）、冉魏（350~352）、前燕（357~370）王朝先后以邺城为都，邺城的都城格局大体延续了曹魏邺城的平面规划布局，同时在建筑技术、装饰风格应用方面极尽奢华。后赵是古代羯族、前燕是鲜卑族建立的王朝，邺城成为当时南北民族融合、多元文化碰撞的舞台。

 "大赵万岁"瓦件 06JYCN 采 0010

后赵（335～350）
2006 年磁县南营窑址采集
邺城考古队存

宽58、高62.2、厚8.8～10厘米
泥质灰陶。陶泥中可以观察到较多草拌泥植物秸秆痕迹。塑制结合模制，立面
大致呈扇形，正面略平，压印三个"大赵万岁"瓦当纹，上面的瓦当纹较大，
下部两个略小，字体略异。背面有一半圆形筒瓦状残痕，推测原与筒状构件衔接。
该瓦件为建筑屋顶正脊或垂脊端头使用构件。

 "大赵万岁" 檐头筒瓦 文 257

后赵（335～350）
三台村北采集
临漳县文物保管所藏

瓦当残径15.3、筒瓦残长19.2、厚1.7～1.9厘米
泥质灰陶。模制。檐头筒瓦衔接"大赵万岁"瓦当。瓦当仅残存上半部分，中心为圆形大乳丁，两道凸棱和四个小乳丁将文字均匀间隔开，仅存"大"、"万"、"岁"三字，文字内外侧各有一周凸弦纹。筒瓦部分较残，凸面光素，凹面布纹，与瓦当衔接处可见抹泥痕。该类遗物在邺城遗址出土较多，为后赵时期建筑屋顶檐头构件。

 半人面饰件 98JYBT1:2:36

后赵（335～350）

1998 年洪山村西南潜伏城门 T1 出土

邺城考古队存

残宽 29.8、高 13.8、厚 3 厘米

泥质灰陶。模制。 正立面呈半圆形，模印人面图案，双目鼓突，鼻梁高耸，两道弧形凸棱和六道纵向短凸棱勾勒出脸颊和牙齿，造型栩栩如生。背面光素，无明显使用痕迹，该类遗物与"大赵万岁"瓦当伴出，但具体使用功能目前还不清楚。

 "富贵万岁" 瓦当 之446

十六国时期
漳河河道采集
临漳县文物保管所藏

直径14.6～14.8、厚1.9厘米
泥质灰陶。模制。瓦当呈圆形，当面立体感较强，当心为圆形大乳丁，左右两
道纵向凸弦纹和四个小乳丁将当面分成四区，四区内分别模印文字，篆书"富
贵万岁"，文字内、外侧各有一周凸弦纹，边轮略高于当面。当背残存与筒瓦
衔接痕迹，局部可见刮抹痕。

 莲花纹檐头筒瓦 05JCJY1⑨:16

十六国时期

2005 年磁县孟庄村西南 Y1 出土

邺城考古队存

筒瓦长49.5、宽16.4～17.8、厚2.3厘米，瓦舌长5、宽12.3厘米，瓦当直径17.2、厚1.7厘米

泥质灰陶。模制。瓦当当面饰八瓣浅浮雕单瓣莲花纹，莲瓣较宽肥，当心饰一凸圆形莲房，莲房上饰乳丁状莲子，中心1枚，周围8枚均匀分布。筒瓦凸面光素，凹面饰布纹，局部有旋痕和刷痕，瓦身后段有一圆孔（瓦钉孔）。瓦当和筒瓦衔接处内侧有刻划痕和抹泥痕。

 莲花瓦当 05JCJY1 9∶18、31

十六国时期

2005 年磁县孟庄村西南 Y1 出土

邺城考古队存

上直径17.5～17.8、厚1.8厘米，下直径18～18.5、厚1.5厘米

泥质灰陶。模制。完整为圆形，当面浅浮雕八瓣单瓣莲花纹，莲瓣较宽肥，当心饰一凸圆形莲房，莲房上饰乳丁状莲子，中心 1 枚，周围 8 枚均匀分布。莲瓣和莲房均略高于瓦当边轮。瓦当背面与筒瓦衔接内侧有抹泥痕。

 灰陶构件 DQJCNY061

十六国时期

2006 年磁县南营窑址 Y06 出土

邺城考古队存

长38.4～39.4、宽27.5、高25厘米

泥质灰陶。该构件形制较为独特，大致呈对称的"斗拱"状，或许与建筑构件有关。

石柱残块 K1996-9

十六国时期
1996 年漳河河道内采集
邺城考古队存

残径 31.2、残高 13 厘米
石质。仅残留一段，截面呈瓜棱形，石柱凹棱特点与古希腊柱式具有一定相似之处，学界多认为这种柱式是南北朝时期受西方影响产生，但也有学者认为其在汉代即已出现，与束竹柱具有一定关联。

文石构件残块 K1996-5

十六国时期
1996 年漳河河道内采集
邺城考古队存

长36.6～37、宽27～32、厚12.5厘米
石质。呈不规则形状，正面中部有一道长方形印痕，印痕一端有一长方榫孔，似为与其他构件连接痕迹。文石属沉积岩之砾岩，是汉魏以来宫室建筑的重要装饰材料，尤为盛行于十六国时期的后赵，主要用于宫室内铺地、栏杆等装饰之用。据文献记载，曹魏、后赵时期的文石主要来源于济水北的谷城山（今山东平阴县黄石山）一带。

 西门豹祠刻铭残石 文376

后赵建武六年（340）
传1990年代安阳县北丰村西门豹祠附近出土
临漳县文物保管所藏

直径37、残高42.3厘米
石质。推测原为圆柱，现仅残留柱顶部分。石柱左右两侧浮雕人物，右侧人物
头部左侧榜题"圣人"。人物中间浅浮雕出一长方形区域，其上镌刻文字，书
体介于隶楷之间，内容为"赵建武六年岁在庚子秋八月……上作迴头殿屋三
间……"该刻铭与《水经注》、《金石录》等文献记载内容相吻合，对于十六
国邺城遗址、古漳河方位的研究均具有重要意义。

 陶尊 94JYM1267:7

西晋中晚期
1994 年上柳村东南京港澳高速公路 M1267 出土
邺城考古队存

口径 17、高 9.9 厘米
泥质灰陶。轮制。整体呈圆筒形，直口略侈、圆唇、平底略内凹，底部有三个
蹄形足，腹部饰两周凹弦纹。表面抹光，底部有线绳切割痕。

陶扁壶 94JYM1267:5

西晋中晚期
1994 年上柳村东南京港澳高速公路 M1267 出土
邺城考古队存

长 13、宽 8.3、高 14.5 厘米
泥质灰陶。对半模制。整体呈圆角长方形，直口、折肩、直壁、平底，肩两侧
对称各有一桥形耳，底部有两对称长方形扁足。

 釉陶鸡 94JYM400E013、014

魏晋时期
1994 年芝村东北京港澳高速公路 M400 出土
邺城考古队存

高 16.8、16 厘米
泥质红陶。对半合模。陶鸡头微垂，尾部上翘，足部塑成圆筒形，其上浮雕出
腿和爪，一件周身施绿釉，另一件周身施墨绿釉。

 陶猪 94JYM400:015

魏晋时期
1994 年芝村东北京港澳高速公路 M400 出土
邺城考古队存

长 19、高 9.2 厘米
泥质灰陶。对半合模。陶猪四肢直立，头微垂作俯食状，背部鬃毛竖起，造型
生动写实。

 陶狗 94JYM400E018

魏晋时期
1994 年芝村东北京港澳高速公路 M400 出土
邺城考古队存

长 14.2、高 8.7 厘米
泥质灰陶。模制。制作较为简单，周身涂白色底彩，但部分已脱落。

陶俑 94JYM1267:12、13

西晋中晚期

1994 年上柳村东南京港澳高速公路 M1267 出土

邺城考古队存

高 23.8、22.1 厘米

泥质灰陶。对半模制。一件束发，戴小冠，身穿交领右衽长袍，双手握于胸前，足穿靴直立。另一件头戴平顶小皮帽，上身穿交领右衽外衣，腰间扎带束结，下身穿大口裤，足穿靴。两件均全身涂白色底彩，但大部分脱落。

 陶牛车 94JYM1267:15（车）、16（牛）

西晋中晚期
1994 年上柳村东南京港澳高速公路 M1267 出土
邺城考古队存

牛长 24.9、高 14.3 厘米，车长 39.3、高 24.3 厘米
泥质灰陶。陶牛对半合模，头微垂，四蹄直立，牛身涂白色底彩，但大部分脱落。
陶车呈长方形，棚顶前高后低，车厢前部敞开、后部一侧开一小门，车辕架于
牛颈上，圆形车轮、11 根辐条。

陶马 94JYM1267:18

西晋中晚期
1994 年上柳村东南京港澳高速公路 M1267 出土
邺城考古队存

通长残 36、高 26.5 厘米
泥质灰陶。对半合模。马头微垂，头顶有圆锥形凸起，四足直立，拱桥
形马鞍，两侧塑出障泥，尾部残缺。

 陶盘 94JYM1201:1、2

魏晋时期

1994 年上柳村东京港澳高速公路 M1201 出土

邺城考古队存

口径 19.4、底径 12、高 3.1 厘米，口径 26.6、底径 19、高 5 厘米

泥质灰陶。敞口、方唇、斜浅腹、平底略内凹。表面压光，盘内呈黑灰色涂红彩，
主要分布于盘底中心和盘腹内壁，盘内底部外圈受沁呈浅黄色。

 陶尊 94JYM1201:4

魏晋时期

1994 年上柳村东京港澳高速公路 M1201 出土

邺城考古队存

口径 25.2、高 12.3 厘米

泥质灰陶。敞口、折沿、束颈、鼓腹、圜底、三蹄形足。表面压光，内外涂红彩，

集中于口沿和下腹部，但彩绘脱落严重。

 陶奁 94JYM1201:5、6

魏晋时期

1994年上柳村东京港澳高速公路 M1201 出土

邺城考古队存

奁盖直径 23、高 22.5 厘米，奁身口径 17.8、底径 18、高 17.7 厘米

泥质灰陶。由奁盖和奁身组成，均呈圆筒状。奁盖顶部圆鼓，上有三个乳丁状纽，盖身较直，周身有多条彩绘条纹带，脱落严重。奁身完全扣合于奁盖内，直口略敛、圆唇、腹壁较直、平底略内凹。

 釉陶炉 94JYM1201:10、12

魏晋时期

1994 年上柳村东京港澳高速公路 M1201 出土

邺城考古队存

炉身口径 19、高 13.8 厘米，承盘口径 19.4、高 5.7 厘米

泥质红陶，局部施绿釉。由炉盖、炉身和承盘等三部分组成，炉盖缺失。炉身直口、弧腹、圜底、三乳丁状足，腹身和底部均匀分布长方形和半月形镂孔；承盘敞口、口沿略外翻、斜壁、深腹、平底、三足。

 陶豆 94JYM1201:11

魏晋时期
1994 年上柳村东京港澳高速公路 M1201 出土
邺城考古队存

口径 11.9、高 19.5 厘米
泥质灰陶。豆盘直口略侈、圆方唇、细长柄、喇叭状足，豆足外表面有印纹，
内有手指按捏痕。

 陶井 94JYM1201:23

魏晋时期
1994 年上柳村东京港澳高速公路 M1201 出土
邺城考古队存

通高 26.5 厘米
泥质灰陶。仿木构井栏，顶部残缺，井身呈圆筒形、束腰、平底。

陶灶 94JYM1201:9

魏晋时期
1994 年上柳村东京港澳高速公路 M1201 出土
邺城考古队存

长 26、宽 21.2、高 10.5 厘米
泥质灰陶。平面呈圆角长方形，灶台上有三个圆形灶眼，凸出于台面，台面模
制刀叉等纹样，灶墙较矮，灶门呈圆形，烟囱位于灶门相对一侧，仅存烟囱口，
呈圆形。

朱明门遗址

公元 534 年，统一中国北方近 140 余年的北魏王朝分裂为东魏、西魏，北魏大丞相高欢另立元善见为帝，即东魏孝静帝，并胁迫其自洛阳城迁都邺城。当时洛京人口全部迁邺，旧有邺城局促不堪，因此在邺北城南面又新建都城，史称邺南城。公元 550 年，高洋废孝静帝，建北齐王朝，仍都于邺城。东魏北齐邺城的建造，承袭了曹魏邺城至北魏洛阳城的都城规划思想之精髓，以精湛创新的建筑技术、丰富多元的文化艺术，突出封建帝都的威严礼仪，兼顾经济生活实用之需要，建设了宫城、内城、外郭城三重城垣格局的都城，在都城发展史上是又一座具有代表性的都城，对隋大兴城规划产生了直接影响。

单波状纹板瓦 文260

东魏北齐（534～577）

倪辛庄村南太平渠内出土

临漳县文物保管所藏

长56.7、宽34～40.3、厚2.8～3厘米

泥质灰陶。模制。一般板瓦。制作精良，板瓦凹、凸面及侧缘均打磨光滑，下缘略宽于上缘，下缘饰单波状纹，瓦身局部可见刮抹痕。

 双层波状纹檐头板瓦 92JYT29⑦:30303

东魏北齐（534～577）
1992年三台村东北 T29 出土
邺城考古队藏
残长23、宽35.4、厚2.5～3.8厘米
泥质灰陶。模制。檐头板瓦，仅残存前半部。板瓦凹面和凸面均压光呈黑灰色，
两侧切割面亦打磨光滑，上缘饰双层波状纹，制作考究。

 莲花纹檐头筒瓦 文421

东魏北齐（534～577）

漳河河道内采集

临漳县文物保管所藏

通长29.2、宽11～11.6、厚1.6～2.8厘米，瓦舌长3.4、宽7.5～8.9厘米，瓦当直径10.5～10.8厘米

泥质灰陶。模制。当面高浮雕九瓣单瓣莲花纹，莲瓣较为瘦峻，"T"字形间瓣，当心饰凸圆形莲房，其上饰乳丁状莲子，中间1枚，周围6枚均匀分布，莲瓣高于当心和边轮。筒瓦凹面布纹，凸面压光，局部有刮削痕，瓦身中部有一通透小圆孔（瓦钉孔）。筒瓦下缘衔接莲花纹瓦当，局部可见抹泥痕。

 鸱尾 文 1460

东魏北齐（534～577）
2007年何庄村北采集
临漳县文物保管所藏

通高39～40、厚19～21.7厘米
泥质灰陶。模制。鸱尾为用于古代建筑正脊两端的建筑构件。立面大致呈C形，表现的是鸱鸟尾部上扬的形态。其与正脊衔接一段立面呈半椭圆形，中间有一圆形榫孔；另一侧上部有一小圆形孔。

 兽面建筑饰件 文 699

东魏北齐（534～577）

上柳村附近采集

临漳县文物保管所藏

残高37.3、宽28.3～31厘米

泥质灰陶。模制。该饰件立面略呈梯形，顶部作圆拱状，正面模制高浮雕兽面形象，额头凸起，双目圆睁，鼻孔上翻，阔口龇牙，两侧鬃毛上卷，嘴部两侧各有一个三趾兽爪。背面光素无纹，中部偏上有一近圆形凹坑，凹坑偏下可见一通透小圆孔（瓦钉孔），局部可见刮抹痕。该饰件为木构建筑屋顶垂脊端头构件。同类构件流行于南北朝隋唐时期，在日本同时期古建筑中称为"鬼瓦"。

北齐天保年造空心砖 92JYT29 7 30209

北齐（550～577）
1992 年三台村东北 T29 出土
邺城考古队存

残长48、残宽20～29.5、厚2～5厘米

泥质灰陶。模制。推测为大型空心砖残块。砖面磨光，中部压印人面鸟身"千
秋万岁"和宝装莲花图案，图案上、下对称分布四个小方块，方块内压印同心
几何纹和草叶纹。图案右侧隐约可见条带纹图案，图案左侧残有"齐天保□年造"
铭文。

几何纹砖 文765

东魏北齐（534～577）
洪山村东南漳河河道内采集
临漳县文物保管所藏

长53、残宽29、厚8.5～8.8厘米
泥质灰陶。模制。推测为正方形铺地砖，现残半。砖正面饰三角纹、直棂纹等
几何纹组合纹饰，其余各面均光素无纹。同类遗物亦见于汉魏洛阳城灵台、辟雍、
太学诸礼制建筑遗址。

 陶井圈 K1996-12

东魏北齐（534～577）

1996年漳河河道内采集

邺城考古队存

直径44.3、高23.8、厚1.7～2.3厘米

泥质灰陶。模制。井圈复原呈圆筒形，上部直径略小于下部，外表面上部压印
一圈宝装莲花纹瓦当图案，上缘有一周较宽凹槽，下缘外侧有一周波浪纹。

 莲花瓦当 86JYT149②:50

东魏北齐（534～577）

1986年倪辛庄村南朱明门遗址 T137 出土

邺城考古队存

直径 14.3、厚 1.8 厘米

泥质灰陶。模制。圆形，当面模制十瓣单瓣莲花纹，莲瓣较为瘦峻，莲瓣间间
瓣呈树杈状，当心为圆形鼓凸状莲房，莲房上饰乳丁状莲子，中心 1 枚，周围
6 枚均匀分布，莲瓣及边轮上均有压光痕迹，背面可见与筒瓦衔接痕迹和抹泥痕。
此类莲花瓦当在发掘中仅见于朱明门遗址，调查时在启夏门、厚载门周围也有
发现，故推测其应专用于城门类建筑。

 筒瓦 86JYT154⑥:44

东魏北齐（534～577）

1986年倪辛庄村南朱明门遗址 T154 出土

邺城考古队存

残长35.8、宽20、厚2.7～4.2厘米，瓦舌长6.7、宽12～15厘米

泥质灰陶。模制。筒瓦略残，凹面布纹，凸面光素压光形成一层黑色陶衣，瓦身下部残缺处有一通透圆形榫孔（瓦钉孔）。

 当沟瓦 86JYT137②:07

东魏北齐（534～577）

1986 年倪辛庄村南朱明门遗址 T137 出土

邺城考古队存

上缘宽25、下缘宽15.5、高14.6～15.8、厚1.5～1.9厘米

泥质灰陶。模制。正立面略呈扇形，上、下缘均圆弧，凹面布纹，凸面压光，局部残留刷抹痕，侧缘可见明显刮削痕。当沟瓦使用于建筑屋顶正脊或垂脊下方、板瓦与筒瓦之间空隙处，根据使用位置的差别有正当沟、斜当沟之分。北朝隋唐时期当沟瓦形态基本如此，一般是利用筒瓦再加工而成。

 戳记筒瓦 94JYT0913Y3:05、010

东魏北齐（534～577）
1994 年板屯村东南京港澳高速公路 Y3 出土
邺城考古队存

左长41.5、宽16～17.2、厚1.4～4厘米，瓦舌长5.6、宽11.4～13.6厘米；
右长39.3、宽16.1～16.4、厚1.6～3.7厘米，瓦舌长3.8、宽10.8～12.5厘米
泥质灰陶。模制。凹面布纹，凸面压光，瓦唇凸面上部压印戳记，戳记呈方形，
共四字，仅依稀可辨"慕容"二字，推测为负责工程管理工匠姓名。

素胎红陶壶、碗  94JYT0910H5:7（前左）、H6:46（前中）、H1:9（前右）
94JYT0910H6:52（后左）、H5:37（后中）、H1:2（后右）

东魏北齐（534～577）

1994年义城村西北京港澳高速公路窑址群出土

邺城考古队存

前左口径9.7、高4.6厘米，前中口径7.5、高5.9～6.7厘米，前右口径11.7、高5.7～6厘米；
后左口径5.2、高16.3厘米，后中口径18.3、高7.2～7.6厘米，后右口径13.5、高7厘米
泥质红陶。轮制。为素烧陶器。这些器物出土于窑址，是制作釉陶器时初次素烧半成品。

 釉陶碗 94JYT0910H1:73（左）、99（中）、94JYT0910H4:01（右）

东魏北齐（534～577）

1994年义城村西北京港澳高速公路窑址群出土

邺城考古队存

左残口径16.7～18.4、高9.3厘米，中残口径10.5～13.6、高5.6～7.33厘米，右残
口径11.5、高9.8厘米

泥质灰陶。轮制。为窑内烧制失败的残次品，侧面可见支钉使用和陶碗叠烧方式。

釉陶壶、碗　左起：94JYT0910②:01、94JYT0910H6:23、
94JYT0910H5:274、94JYT0922②:025、94JYT0927③:3

东魏北齐（534~577）
1994年义城村西北京港澳高速公路窑址群出土
邺城考古队存

（左起）高14.2、5.4、5.6~5.9、7.4、16.4厘米
泥质灰陶。轮制。为窑内烧制失败的陶壶、碗残次品。

 陶支钉 94JYT902H3:04（左）、94JYT905·3:1（中前）、
94JYT910H6:33（中后）、94JYT909·3:1（右）

东魏北齐（534～577）
1994年义城村西北京港澳高速公路窑址群出土
邺城考古队存

左高13、中前高3.1、中后高12.9、右高13.7～14厘米
泥质灰陶或红陶。其一带釉，为烧制陶器或釉陶器时的支垫具，以防止陶器或
釉陶器在烧制时相互粘连。

 青釉碗 文 674

东魏北齐（534～577）
上柳村出土
临漳县文物保管所藏

口径 11.1、底径 5、高 10.7 厘米
青釉器。敛口、弧腹、饼形足、平底微内凹，灰白胎，通体施青色透明釉，釉
不及底，局部有流釉。

 青釉高足盘 文1361

北周建德六年（577）

十里后村北周贾岳墓出土

临漳县文物保管所藏

口径14.9、底径10.8、高13～13.3厘米

青釉器。盘口、束颈、喇叭状足，灰白胎，通体施青色透明釉。

 "永安五铢"铜钱

北魏永安—北齐天保（528～553）

邺城遗址征集

临漳县文物保管所藏

直径2.3～2.45、孔径0.7～0.9、厚0.15厘米

铜质。正面篆书"永安五铢"，背面除一上部有"土"字，余均光素。"永安五铢"始铸于北魏末年孝庄帝永安年间，东魏北齐继续铸造。由于私铸严重，北齐天保四年（553）开始铸造"常平五铢"以逐步取代"永安五铢"。

"常平五铢"铜钱

北齐天保—北齐末（553～577）
邺城遗址征集
临漳县文物保管所藏

直径 2.5、孔径 0.9、厚 0.15 厘米
铜质。正面篆书"常平五铢"，背面光素无纹。
北齐天保四年（553）开始铸造，是中国古
代铸造较精良货币之一。

"五行大布"铜钱

北周建德—北周末（574～581）
邺城遗址征集
临漳县文物保管所藏

直径 2.5、孔径 0.7、厚 0.15 厘米
铜质。正面篆书"五行大布"，背面光素无纹。
该钱始铸于北周建德三年（574），与保定元年（561）
始铸的"布泉"、大象元年（579）始铸的"永通
万国"合称为"北周三泉"，均制作精良。

 兔纽宝装莲花纹石镇 文233

东魏北齐（534～577）
东太平村采集
临漳县文物保管所藏

底径 15.4、高 11.2 厘米
石质。石镇顶部为一卧兔状纽，中
间有孔洞，中部为一周宝装覆莲瓣，
底部呈圆形，通体打磨光滑。

 射猎图石函 文444

东魏北齐（534～577）
上柳村北地出土
临漳县文物保管所藏

通长22～24.5、宽12.9～19.3、高8.6～15.4厘米，函长19.9、宽9.8、深6.8～8厘米
石质。由中空石函和底板两部分组成。石函正立面呈长方形，高浮雕射猎图案和树木等，
图案中心为一骑马武士弯弓搭箭、回射背后追逐的两头怪兽，远处背景为树木和草地，图
案左侧和下部用缠枝忍冬作为边缘装饰，从构图连续性来看似乎右侧还应有对应图案。石
函后部上扬，作弧形坡状。石函中空，底部有长方形底板。该器物性质目前尚不清楚。

赵彭城北朝佛寺塔基全景

第四单元

京畿寺院 宏伟伽蓝

（东魏北齐时期邺城佛寺）

邺城佛教初兴于十六国后赵时期，至东魏北齐达到顶峰，史载邺城"都下大寺略计四千，见住僧尼仅将八万。讲席相距二百有余，在众常听出过一万"。邺城佛教上承北魏传统，下启隋唐宗派，从佛寺格局到造像样式，在中国佛教史上占据着极其重要的地位。

邺城作为东魏北齐都城，建都之初便规划新寺。遗址内时有佛教遗迹、遗物发现，2002 年邺城考古队在习文乡赵彭城村西南发现一座佛寺塔基遗迹，经持续工作，逐渐确认其应为一座规模宏大的东魏北齐皇家寺院遗址的中心建筑。该佛寺坐北朝南，平面近方形，占地约 19 万平方米，相当于当时一坊之地，是迄今发现的面积最大、级别最高的佛寺遗址之一。赵彭城北朝佛寺，既保留了北魏寺院以佛塔为中心的传统，又出现了多院落的新式格局，深刻影响了隋唐时期寺院布局。

 青石螭首 02JYNT2B:1

东魏北齐（534～577）

2002年赵彭城北朝佛寺遗址塔基出土

邺城考古队存

残长97、宽30.5、高38厘米

石质。较完整。表面打磨光滑，后段石座残长23厘米，中部有一直径8.8厘米的柱孔。螭首正面四枚门齿，两侧有獠牙，鼻头上翘，涡状鼻孔；双目圆鼓，眉头隆起后拢，后端呈角状凸起；双耳后斜，嘴角雕出腮线，腮后有五道勾云状髭须。

 兽面纹建筑构件 02JYNT5BH50:1

东魏北齐（534～577）

2002 年赵彭城北朝佛寺遗址塔基出土

邺城考古队存

残高 23、残宽 13.5 厘米

石质。现存近一半兽面，方睚圆睛，曲眉
上卷，涡状鼻孔，张口龇牙，以抽象的浮
雕线条表现髭须。右端残留一段边框，背
面为凸凹不平的剥落面。

 忍冬纹建筑构件 02JYNT5BH50:3

东魏北齐（534～577）

2002 年赵彭城北朝佛寺遗址塔基出土

邺城考古队存

残长 34.5、残宽 17.5 厘米

石质。剔底浅雕变形忍冬图案，中部残存
两片瓣状物，似为衬托宝珠的莲瓣。侧面
为磨光的边框，背面为残破的剥裂面。

 石质建筑构件 02JYNT2B③C:1

东魏北齐（534～577）
2002年赵彭城北朝佛寺遗址塔基出土
邺城考古队存

长59～59.5、宽38.5～54、高35厘米
石质。近方形，前端呈台阶状，表面磨光，后部未经打磨，残存清晰的凿痕。
中部两侧边缘各有一近方形小槽孔，宽4.8～5.9、深3.5厘米。

 莲花瓦当 11JYNT90G（SW）3：10

东魏北齐（534～577）
2011 年赵彭城北朝佛寺遗址南通道西侧壕沟出土
邺城考古队存

直径 13.9、厚 1.4 厘米
泥质灰陶。略残。当面模制十一瓣单瓣莲花纹，莲
瓣略窄长，间瓣呈"T"字形。当心戳印 7 枚莲子，
中心 1 枚，周绕 6 枚，边郭较窄，略低于莲瓣。背
面粗平，有与筒瓦衔接的弧形凹槽。

 连珠纹莲花瓦当 11JYNT90G（SW）3：8

东魏北齐（534～577）
2011 年赵彭城北朝佛寺遗址南通道西侧壕沟出土
邺城考古队存

残径 16.7、厚 2.1 厘米
泥质灰陶。残损近半。当面模制九瓣单瓣莲花纹，莲
瓣较饱满，每瓣中间有一道凸棱，间瓣呈"T"字形，
当心莲子残见 4 枚，外缘一周连珠纹。背面略平，有
与筒瓦衔接的凹槽痕及呈辐射状的切割痕。

小筒瓦 04JYNT73H2:001

东魏北齐（534~577）
2004年赵彭城北朝佛寺遗址西南院落出土
邺城考古队存

长18.7、宽8.4、厚1.1厘米
泥质灰陶。形制较小，瓦尾略残。瓦舌较短，长2.7、宽5.3~6.5厘米，前端略翘。

 小莲花瓦当 04JYNT73H2:3

东魏北齐（534~577）
2004年赵彭城北朝佛寺遗址西南院落出土
邺城考古队存

直径6.7、厚0.9~1.1厘米
泥质灰陶。形制较小，当面模制九瓣单瓣莲花纹，莲瓣短圆，间瓣呈"T"字形，当心7枚弧突莲子，中央1枚，周围环绕6枚。外缘一周小连珠纹，边郭较窄。该瓦当与上述筒瓦配套使用。

 青釉碗 04JYNH2:12

东魏北齐（534～577）
2004年赵彭城北朝佛寺遗址西南院落出土
邺城考古队存

口径12.4、圈足径6.2、高7.4厘米
青釉器。胎表面呈淡粉黄色，青黄色釉。直口微侈，平底略内凹。内施满釉，
外挂半釉，边缘有流釉痕，下腹及足底露胎。内底残存三点支钉痕。

 琉璃瓶 02JYNT3CH4:35

东魏北齐（534～577）

2002 年赵彭城北朝佛寺遗址塔基出土

邺城考古队存

直径 2.2 厘米

瓶体圆形，中空，口部已残。蓝色，内含细小气泡。同时出土有圆形琉璃瓶残片若干。

泥塑彩绘贴金坐佛像 02JYNT3CH4:123

东魏北齐（534～577）

2002 年赵彭城北朝佛寺遗址塔基出土

邺城考古队存

残高 5.2 厘米

泥质，胎质细腻，表面有彩绘和贴金痕。塑像现存腰部以下，似身着袒右袈裟，下摆压在双膝下，波状线条流畅自然，结跏趺坐，左手置右足上。袈裟红色彩绘，手脚裸露部位残存贴金痕。单层覆莲座，莲瓣短圆饱满。背面平素无纹，底部较粗，中间略凹。

泥塑彩绘贴金坐佛像 02JYNT3CH4:33

东魏北齐（534～577）

2002 年赵彭城北朝佛寺遗址塔基出土

邺城考古队存

残高 8.4 厘米

泥质，表面有彩绘和贴金痕。佛头及腰部以下残，身着袒右袈裟，结跏趺坐，右手置右胸前，似为转法轮印，左臂下垂至腹下，前端残。袈裟红色彩绘，手臂及右胸袒裸部位有贴金痕。腰下泥胎内可见一枚铁钉尖部及锈痕。

泥塑菩萨璎珞 02JYNT2DH8:27

东魏北齐（534～577）

2002 年赵彭城北朝佛寺遗址塔基出土

邺城考古队存

残高 5.5、残宽 3.4、厚 2.2 厘米

泥质，表面敷白底，其上有贴金残痕。断面呈半圆形，中部较粗，两端渐细。正面三组连珠，中间一组圆形连珠略大，两侧椭圆形连珠稍小。

泥塑螺髻 02JYNT3CH4:61

东魏北齐（534～577）

2002 年赵彭城北朝佛寺遗址塔基出土

邺城考古队存

直径 5.7、高 3.6 厘米

泥质，表面青灰色，未见彩绘痕。外缘略残。顶部呈螺旋形盘起，底部内凹。

 泥塑摩尼宝珠 02JYNT3CH4:34

东魏北齐（534～577）
2002 年赵彭城北朝佛寺遗址塔基出土
邺城考古队存

残高 13.2、宽 13.4、厚 3.2 厘米
泥质，表面敷一薄层白粉，其上有斑驳的红色彩绘痕。珠体弧鼓，上缘火焰形，
勾状火焰纹内敷彩贴金。背面略凹，为贴塑面。

 泥塑彩绘贴金天人像 02JYNT3CH4:64

东魏北齐（534～577）
2002年赵彭城北朝佛寺遗址塔基出土
邺城考古队存

残高18厘米
泥质，表面残见贴金痕。头部形象近比丘，宽圆脸、细长眼，鼻翼较宽，嘴角略翘，五官紧凑，大耳垂肩，胡貌特征显著。上身袒裸，颈部有一圈珠饰，臂膀浑圆，胸肌隆起，双手在胸前相抱，左臂残存贴金痕。

 铭文刻石 文 1450

东魏天平二年（535）

邺城遗址征集

临漳县文物保管所藏

长53～54、宽21.3～22.6、厚10.2厘米

石质。疑为造像的底座部分，边缘残破，正面磨光刻发愿文："大巍天平二年……
浮图主骁骑将军中散大夫□北县开国子王善欢……患于今□未差□驾迁邺……
敬造□□□一区……"

 赵觊墓志 文 1276

隋大业九年（613）

1992 年赵彭城村东南窑厂隋墓出土

临漳县文物保管所藏

边长32～33、厚7.6 厘米

石质。表面阴刻志文 17 行，行 17 字，志文记墓主人身份为中下级官吏，其活动时间主要在北魏后期，先后出任宁远将军、虎贲郎将等职，隋大业九年与夫人樊氏合葬于此地。墓葬位置在"明堂园东庄严寺之所"，为探寻邺城地区的礼制、宗教建筑提供了重要的线索。

北吴庄佛教造像埋藏坑

第五单元

中原佛都 邺中样式（邺城佛教造像）

邺城从寺院布局到造像艺术均独创一格，"邺城模式"有继承，更有创新，其艺术内涵丰富，影响深远。

东魏北齐时期邺城为中原北方地区的佛教文化中心，著名高僧慧光、法上、道凭、僧稠、灵裕、慧远等驻锡邺城寺院，对中国佛教流派的形成独具贡献。历年来在邺城遗址发现多处佛教造像遗存，这些出土地点不仅与佛寺遗址有所关联，同时也为研究外郭城的范围提供了重要的依据。邺城出土的大量铜、石造像，折射出东魏北齐佛教艺术的璀璨光芒，深刻影响了世俗文化与艺术，成为隋唐艺术源流之一。

邓法念造观世音像 文661

北魏武泰元年（528）
1985年上柳村西南出土
临漳县文物保管所藏

通高20.2、像高6.7厘米

鎏金铜像。正面菩萨面容清瘦，头戴三叶冠，颈悬桃形项饰，上身半裸，下着束腰长裙，披帛覆肩绕臂下垂，右手在胸前持长茎直柄莲蕾，左手在左腹外侧提净瓶，跣足踏覆莲台。身后阴刻圆形项光和火焰形背光。背面刻出交脚坐姿弥勒菩萨，面相较圆，头戴宝冠，双手在胸前合十，披帛覆肩绕臂垂下。四足式底座右侧及背面刻铭"武泰元年三月廿三日，邓法念为息义蔡造观世音像一躯，愿使福沿四恩，下沾浍饬，所愿如是"。

 邓法念造观世音像 文 662

北魏武泰元年（528）
1985 年上柳村西南出土
临漳县文物保管所藏

通高 19、像高 6.7 厘米
鎏金铜像。菩萨面容、服饰似前件，手持长茎
直柄莲蕾，项光内可辨线刻的莲瓣。底座四足
外撇幅度较大，右侧及背面刻有铭文"武泰元
年三月廿三日，邓法念为息义恭造观世音像一
躯，愿使福沿四恩，下沾洽饬，所愿如是"。

邓法念造观世音像 文663

北魏武泰元年（528）

1985年上柳村西南出土

临漳县文物保管所藏

通高13.9、像高5.9厘米

鎏金铜像。菩萨冠饰、面相、服饰等同前件，右手在胸前持长茎曲柄莲蕾。底座四足式，右侧及背面刻有铭文"武泰元年三月廿三日，邓法念为息阳仁造观世音像一躯"。

邓法念造观世音像 文664

北魏武泰元年（528）

1985年上柳村西南出土

临漳县文物保管所藏

通高13.7、像高6厘米

鎏金铜像。菩萨冠饰、面相、服饰等同前件，手持长茎曲柄莲蕾。四足式底座侧面及背面刻有铭文"武泰元年三月廿三日，邓法念为息远□造观世音像一躯"。

 邓法念造观世音像 文 665

北魏武泰元年（528）
1985 年上柳村西南出土
临漳县文物保管所藏

通高 13.7、像高 6 厘米
鎏金铜像。菩萨面容、服饰类似前件，手持长
茎曲柄莲蕾。四足式底座右侧及背面刻铭"武
泰元年三月廿三日，邓法念为息隆慕造观世音
像一躯"。

 邓法念造观世音像 文 666

北魏武泰元年（528）
1985 年上柳村西南出土
临漳县文物保管所藏

通高 12.9、像高 6 厘米
鎏金铜像。菩萨面容、服饰同前件，手持长茎曲
柄莲蕾。四足式底座右侧及背面刻铭"武泰元年
三月廿三日，邓法念为息阳琭造观世音像一躯"。

一佛二菩萨背屏式造像 _{文265}

东魏后期～北齐前期
1979 年粟辛庄村东采集
临漳县文物保管所藏

通高 93 厘米
白石造像。主尊高 41 厘米，面容丰腴，
肉髻扁圆，身着褒衣博带式袈裟，施无
畏印，结跏趺坐，袈裟下摆呈多重褶曲，
敷搭座下。二胁侍菩萨高 38.5 厘米，面
相方圆，头戴三叶形冠，颈悬桃形宽带
饰，上身半裸，披帛在腹部交叉，一手
持莲蕾，另一手在腹前悬持净瓶或桃形
香囊，跣足立于素面圆台上。底座正面
雕双狮香炉。

 一菩萨二弟子背屏式造像 之 1330

东魏后期~北齐前期
1996 年洪山村南漳河内采集
临漳县文物保管所藏

通高 33.8 厘米
白石造像。主尊高 15.1 厘米，面相较圆，头戴花冠，颈悬桃形宽带饰，上身半裸，
斜披络腋，披帛在腹部交叉，左手握香囊形饰，右手持莲蕾形饰，跣足踏在覆
莲台上。两侧弟子高 12.4 厘米，面容端庄，双手在胸前合十，跣足立于覆莲台
上。背屏正面纹饰有两重，内圈忍冬纹、外圈火焰纹，背面浮雕树下思惟佛传图。
底座正面浮雕双狮香炉。

 背屏式造像 文 125

北齐（550～577）

1958 年河图村西太平渠内采集

临漳县文物保管所藏

残高 66 厘米

白石造像。主尊高 30.5 厘米，面相方圆，肉髻扁圆，身着褒衣博带式袈裟，施无畏印，结跏趺坐，袈裟下摆搭敷座下，背面可辨墨线勾勒福田袈裟的界格。扇状背屏镂孔透雕，由缠绕的菩提树构成，上部正中为童子托塔，两侧为手各执不同的乐器的伎乐天。项光背面浮雕白马吻别佛传故事。

 背屏式造像残块 文 268

北齐（550～577）
1980 年张彭城村西北采集
临漳县文物保管所藏

残高 41.4 厘米

白石造像，通体透雕。枝干缠绕的菩提树构成扇状背屏，上部残存一头顶宝塔
的异兽。塔身圆柱形，上开三龛，龛内坐佛。塔侧有两身腾空飞舞的龙，细颈
长身，体态矫健。其下各有两身飞天，体躯健壮，面相浑圆，胡貌特征明显。

 一菩萨四弟子背屏式造像 文 634

北齐河清三年（564）
1985 年东太平村东砖窑采集
临漳县文物保管所藏

通高 24 厘米

白石造像。主尊菩萨立姿，头戴矮冠，上身赤裸贴金，披帛绕臂贴体下垂，下
身着轻软贴体长裙，跣足立。弟子眉目刻划简单，双手拢于胸腹间。背屏扇形，
镂孔透雕，由两株树干缠绕、树冠层叠的菩提树构成。底座正面浮雕双狮、香
炉及弟子，背面可辨墨书"河清三年……"题记。

一佛四弟子背屏式造像 文 1296

北齐（550～577）
1995 年马辛庄村西北采集
临漳县文物保管所藏

残高 31.8 厘米
白石造像。中部为透雕尖楣龛，六边形束莲龛柱。主尊现存腰部以下，身着薄软贴体袈裟，倚坐，衣纹残见福田袈裟条格。两侧各有两身胁侍，内侧弟子身着交领式僧袍，双手拢于胸腹间，外侧两身胁侍身部均残断。背屏残存菩提树干和璎珞残段。底座正面浮雕香炉、弟子、双狮和两身力士。

造像底座 文 965

北齐（550～577）
河图村南采集
临漳县文物保管所藏

残高 10.9 厘米
一铺五身背屏式白石造像底座，局部残存彩绘和贴金痕。主尊为菩萨，仅存脚部和下垂的衣裙角。左右各有两身胁侍，均站立于连枝莲台之上。底座正面浮雕双狮香炉和两身力士。

 造像底座 文 1297

北齐（550～577）
1995 年上柳村北采集
临漳县文物保管所藏

残高 8 厘米
一铺五身背屏式白石造像，通体红色彩绘，局部残见贴金痕。主尊存腰部以下，
身着轻软贴体袈裟，倚坐于束腰座上，残见贴金和福田袈裟的彩绘线条。两侧
有四身胁侍，均站立在连枝圆莲台上。底座正面雕双狮香炉，两侧各一身力士。

造像底座 <small>文 270</small>

东魏北齐（534～577）
1980 年上柳村北采集
临漳县文物保管所藏

底座长 47,6、宽 24.7、高 10.4 厘米

一铺五身背屏式白石造像底座，局部有红色彩绘痕。底座上部正中残留一扁平圆形覆莲台，左侧可辨卧狮残存爪痕。底座四面雕造十二方形浅龛，正面六龛，其余三面各两龛，每龛内浮雕出一身神王像，神王均裸上身，披帛绕臂，下身穿短裈裙，裙腰外翻，脚着短靴，龛内残存红色彩绘痕。题材可辨者有珠神王、象神王、风神王、火神王、龙神王、山神王、树神王和鸟神王，其余四身均手托一桃形宝珠。

大型彩绘覆莲座 文 823

东魏北齐（534~577）
1987 年上柳村东北漳河南大堤南采集
临漳县文物保管所藏

通高 52 厘米，底座宽 73.5 厘米
白石像座，由圆形莲台和方形底座构成，通体施红、绿色彩绘。覆莲台中间有
一圆锥形榫孔，孔径 36、深 24.2 厘米。莲瓣下有一周勾旋的连枝莲茎纹装饰带。
底座正面雕造双狮香炉，双狮肋下浮雕飞翼，作侧身蹲踞状；其余三面各雕造
三身神王像，姿势相近，可辨者有象神王、河神王、珠神王、火神王、狮子神王、
山神王、风神王、树神王等。

刘伯阳造释迦像 2012JYNH1:500

北魏太和十九年（495）

2012 年北吴庄造像埋藏坑出土

邺城考古队存

通高 31 厘米，底座长 14.7、宽 10.5、高 7.2 厘米

背屏式青石造像，保存完整。主尊面相椭圆，波状发髻，身穿袒右袈裟，偏衫搭敷右臂，施禅定印，结跏趺坐。背屏边缘浅雕五身禅定坐佛。底座正面浮雕香炉，其余部分为刘伯阳及父、母、妻、姊、子、女供养像。底面题刻"太和十九年岁在乙亥……魏郡邺县民刘伯阳，为居眷男女大小敬造释加牟尼石像一区……"

三褈法荣造像 2012JYNH:1614

北魏正始二年（505）
2012 年北吴庄造像埋藏坑出土
邺城考古队存

残高 26.5 厘米，底座长 18、宽 11.2、高 5.3 厘米

一佛二菩萨背屏式青石造像。主尊面容清瘦，身着褒衣博带式袈裟，胸口束结，袈裟下裾呈多重褶曲搭敷座下，双手残，结跏趺坐。胁侍菩萨面容瘦削，身着长裙，披帛在腹部交叉穿环。背屏背面阴刻菩萨装交足弥勒说法图。底座三面刻有题记"大魏正二年岁次乙酉……佛弟子三褈、法荣单心造石像一区……愿生妙诸天上，恒遇弥勒……"年号"正"字后漏刻一字，据干支可知为北魏正始二年。

张雄造观世音像 2012JYNH1:1254

北魏永平三年（510）
2012年北吴庄造像埋藏坑出土
邺城考古队存

残高 37 厘米

一佛二菩萨背屏式青石造像。主尊立姿，身穿褒衣博带式袈裟，胸腹间束结，袈裟下摆呈多重褶曲向两侧外撇，施无畏印。二胁侍菩萨头梳高髻，身着长裙，双手合十。造像下部有小方榫。背面题刻"永平三年，岁在庚寅，佛弟子张雄……建立兴造观世音石象一区……"

智徽造观世音像 2012JYNH1:1708

东魏天平四年（537）
2012年北吴庄造像埋藏坑出土
邺城考古队存

高30厘米，底座长13、宽11、高4.2厘米
背屏式白石造像，通体保存红、黑彩绘及贴金痕。菩萨面容较瘦，唇上有须，
颈悬宽桃形饰，上身半裸，披帛在腹下交叉，下身着长裙，裙摆外撇，右手持
莲蕾，左手握桃形香囊。背屏边缘饰火焰纹，背面墨绘太子树下思惟像。底座
背面题刻"天平四年，岁次丁巳……永晖寺智徽为师僧父母敬造白石观世音像
一躯……"

 道胜造药师像 2012JYNH1:2105

东魏元象元年（538）
2012 年北吴庄造像埋藏坑出土
邺城考古队存

残高 27.4 厘米，底座长 17、宽 12、高 7.3 厘米
一佛二菩萨背屏式青石造像。主尊，肉髻较扁圆，身穿褒衣博带式袈裟，下摆
呈多重褶曲，左手与愿印，右手施无畏印，结跏趺坐。二菩萨身着长裙，双手
在胸前合十。背屏尖楣状，浮雕火焰纹装饰。底座正面浮雕双狮香炉及供养比丘，
背面题刻"元象元年七月十五日，比丘尼道胜敬造药师像一区……"

 张景章造观世音像 2012JYNH1:2725

东魏武定二年（544）

2012 年北吴庄造像埋藏坑出土

邺城考古队存

高 40 厘米，底座长 22.2、宽 11.1、高 10.6 厘米

三菩萨背屏式白石造像。主尊菩萨面容丰腴，颈悬桃形饰，身穿长裙，披帛在
腹前交叉。背屏浮雕火焰纹和缠枝花卉图案，背面阴刻树下思惟像。底座正面
为双狮香炉及供养比丘，侧面和背面各有两身神王像，背面正中题刻"大魏武
定二年，岁次甲子，四月八日，佛弟子张景章为亡父母敬造观世音像一区供养"。

和毗沙李迴香造太子思惟像 2012JYNH1:920

东魏武定二年（544）
2012年北吴庄造像埋藏坑出土
邺城考古队存

通高48厘米，底座长20.7、宽13、高11.2厘米

背屏式白石造像。主尊为思惟太子，面相略圆，头戴矮冠，上身半裸，下身着裙，右手挂颊，左手抚膝，脚踏莲台，半跏坐姿。尖楣背屏中上部雕四身童子相的飞天，顶部为一莲花化生童子，背面雕一菩萨二弟子。底座正面为双狮香炉，两侧面各浮雕三身供养菩萨，背面有纪年题刻"武定二年六月廿三日，佛弟子和毗沙李迴香造太子思惟一区，普为有形之类，速登正觉"。

 道智造释迦像 2012JYNH1:1412

东魏武定四年（546）

2012 年北吴庄造像埋藏坑出土

邺城考古队存

残高57.5厘米，底座长29.5～31.8、宽15.5、高23～31.8厘米

一佛二弟子二菩萨二力士背屏式青石造像。主尊身穿褒衣博带式袈裟，施说法印，结跏趺坐。两侧分立弟子、菩萨和菩萨装力士。背面阴刻一身坐佛，施说法印，结跏趺坐，背景为层叠的山林。底座正面画面上层浮雕双狮香炉，下层阴刻两身舒腿坐姿菩萨及一比丘形象，旁刻"比丘僧道智供养"；背面题刻"大魏武定四年……比丘僧道智……採匠京都，敬造释迦石像一区……素饰奇丽，辉光妙特，实未曾有……"

僧略造释迦像　2012JYNH1:2574

东魏武定五年（547）
2012 年北吴庄造像埋藏坑出土
邺城考古队存

残高 41.5 厘米，底座长 19.6、宽 11、高 8 厘米
一佛二菩萨背屏式白石造像，通体有彩绘贴金痕。主尊为立佛，面相较圆，身穿褒衣博带式袈裟，左手与愿印，右手施无畏印。二菩萨面容丰腴，头戴三叶冠，身着长裙，披帛在腹前交叉穿环。底座正面有彩绘狮子香炉的残迹，其余三面有 "大魏武定五年、岁次丁卯，比丘尼僧略敬造释迦像一区……" 纪年题刻。

 作文贤造释迦像 2012JYNH1:900

东魏武定六年（548）
2012年北吴庄造像埋藏坑出土
邺城考古队存

残高55厘米，底座长30.5、宽20.5、高11厘米
一佛二菩萨背屏式白石造像。主尊面相圆润，肉髻扁圆，身着褒衣博带式袈裟，左手与愿印，右手施无畏印，结跏趺坐。两侧各一身立姿菩萨，上端为飞天托塔。背面浅雕太子树下思惟。底座正面为双狮香炉，其余三面为供养人题刻"大魏武定六年……邑主作文贤等卅余人敬造释加像一区……"

 一菩萨二弟子背屏式造像 2012JYNHE:1253

东魏北齐（534～577）
2012 年北吴庄造像埋藏坑出土
邺城考古队存

残高 54 厘米，底座长 26、宽 13、高 8 厘米
白石造像。保存完整。菩萨立姿，头戴矮冠，项光内饰缠枝忍冬纹图案，上身半裸，
披帛在腹部交叉穿环，右手持莲蕾，左手握桃形香囊。二弟子身着敞领僧袍，
双手合十。背屏上部浮雕四身飞天，背面有红、黑色彩绘残痕，底座正面浮雕
双狮香炉。

 长孙氏造阿弥陀像 2012JYNH1:282、446

北齐天保元年（550）
2012 年北吴庄造像埋藏坑出土
邺城考古队存

高103厘米，底座长53.4～54.6、宽31.2、高15.6～16厘米
一佛二菩萨背屏式白石造像，表面贴金和彩绘痕迹保存良好。主尊身着通肩袈裟，
施无畏印。二菩萨上身半裸，披帛缠肘绕臂贴体垂下。背屏上浮雕双龙、飞天
及舍利塔，背面墨线勾绘太子树下思惟像及山林禅修像。底座正面为双狮香炉，
四面雕出风、龙、河、火、山、狮子、象及珠神王，背面题刻"维大齐天保元年……
长孙氏陆谨为亡夫北徐州刺史长孙崍敬造阿弥陀像一区，举高三尺……"

皇海伯造观世音像 2012JYNHE72

北齐天保六年（555）
2012年北吴庄造像埋藏坑出土
邺城考古队存

残高30厘米，底座长14.2、宽8、高7.3厘米
背屏式白石造像。菩萨头戴矮冠，颈悬桃形饰，披帛在腹下交叉，下身着长裙，右手持莲蕾，左手握桃形香囊，跣足立于圆形覆莲台上。底座正面有墨线勾勒的双狮香炉残迹，背面有纪年题刻"天保六年七月八日，佛弟子皇海伯敬造观世音白玉像一区……"

 僧觉昙华造像 2012JYNH1:2759

北齐河清二年（563）
2012 年北吴庄造像埋藏坑出土
邺城考古队存

残高 18.5 厘米，底座长 17.6、宽 6.3、高 5.6 厘米
三菩萨二弟子背屏式白石造像。主尊为菩萨立像，面相较圆，头戴矮三叶冠，上身半裸，下身红绘贴体长裙，无衣纹雕饰痕，右手持莲蕾，左手握桃形香囊。两侧弟子双手抱持胸腹间，胁侍菩萨面相与服饰同主尊。背屏为镂孔透雕的菩提树。底座正面彩绘双狮香炉，背面题刻"唯大齐河清二年，比丘尼僧觉昙华造像供养。"

 一佛二弟子二菩萨背屏式造像 2012JYNH:1104

北齐（550～577）
2012 年北吴庄造像埋藏坑出土
邺城考古队存

高 30 厘米，底座长 17.5、宽 8、高 6.2 厘米
白石造像，表面有较好的彩绘痕迹，保存完整。主尊为坐佛，面相方圆，身着
贴体的袒右袈裟，衣纹彩绘，右手施无畏印，左手作与愿印，结跏趺坐。两侧
胁侍均跣足立于圆莲台上。背屏弧扇形，由两株缠绕的菩提树构成。底座正面
为双狮香炉及力士，两侧面及背面雕有八身神王类护法形象。

 一佛二弟子二"螺髻"二菩萨背屏式造像 2012JYNH1:2516

北齐（550～577）

2012年北吴庄造像埋藏坑出土

邺城考古队存

高38厘米，底座长23.5、宽9.6、高8.3厘米

白石造像，基本完整。主尊面相圆润，身着轻薄贴体的袈裟，右手施无畏印，左手作与愿印，结跏趺坐。两侧六身胁侍衣纹刻划简洁，均跣足立于圆莲台上，胁侍底座下部简单雕刻出回首盘曲的龙形。扇形背屏由两株镂孔透雕、层叠缠绕的菩提树构成。底座正面为双狮香炉及两身力士。

 一佛二弟子二"螺髻"二菩萨背屏式造像　2012JYNH1:1835

北齐（550～577）
2012 年北吴庄造像埋藏坑出土
邺城考古队存

高 57.5 厘米，底座长 36.5、宽 14.4、高 11.3 厘米
白石造像，通体保存有较好的红、绿、黑色彩绘和贴金痕。主尊为坐佛，面相圆润，
身着袒右式轻薄贴体袈裟，左手抚膝，右手作说法印。弧扇形背屏由两株缠绕
的菩提树镂孔透雕而成，上部有六身飞天抱持璎珞，顶部为双龙托持舍利塔。
底座正面雕刻双狮香炉。

一菩萨二弟子背屏式造像 2012JYNH1:508

北齐（550～577）
2012 年北吴庄造像埋藏坑出土
邺城考古队存

高 20.5 厘米，底座长 13、宽 4.6、高 4.4 厘米
白石造像，彩绘贴金保存较好。菩萨头戴矮冠，颈悬桃形饰，裸上身，下身着
贴体长裙，衣纹彩绘。二弟子眉眼和僧袍皆为黑色彩绘，双手拢于胸腹间。背
屏浅雕成菩提树，上部有四身飞天，双手在胸腹间抱持璎珞花绳。底座正面雕
双狮香炉。

 一菩萨二弟子背屏式造像 2012JYNH1:1968

北齐武平五年（574）
2012 年北吴庄造像埋藏坑出土
邺城考古队存

高 20.4 厘米，底座长 10.3、宽 3.6、高 3 厘米
白石造像，顶部略残。菩萨头戴矮冠，裸上身，下身长裙以墨线勾绘衣纹，右
手持莲蕾形饰。两侧弟子双手拢于胸腹间。背屏半圆拱形，浅雕出两株菩提树。
底座正面残见少量红色彩绘痕迹，背面题刻"武平五年四月廿二日，为亡比丘
僧光敬造像（一）区"。

163

 菩萨立像 2012JYNH1:2669

北齐（550～577）

2012 年北吴庄造像埋藏坑出土

邺城考古队存

残高 68.4 厘米

白石造像，单体圆雕。菩萨面相圆润，弯眉瞑目，头戴高冠，冠中似有化佛形象，宝缯垂至肘部，颈佩"U"形项饰，下悬一小铃形物。上身半裸，从左肩斜披一道璎珞珠饰，下身着长裙，裙腰外翻，披帛绕臂过膝一周。右手曲至胸前，残断，左手在腹下，掌心向外，跣足立于石榫之上。菩萨身侧有榫口，残见锈蚀的铁钉痕。

 菩萨立像 2012JYNH1:2050

北齐（550～577）
2012 年北吴庄造像埋藏坑出土
邺城考古队存

残高 70 厘米
白石造像，单体圆雕。头戴花冠，冠部略残，宝缯垂至肘部，胸佩璎珞形饰。
上身半裸，下身着长裙，裙腰斜披，臀部略向左扭，腰间束带，中部佩环，
环下垂两条长绦带，腰部以下悬挂两道链饰，披帛残，残存部分从左胯斜披
至右膝后上旋。两臂均残断，断口有连接的榫孔。跣足，立于石榫之上。

 佛头像 2012JYNH1:1796

北齐（550～577）

2012 年北吴庄造像埋藏坑出土

邺城考古队存

残高 27.8 厘米

青石头像，保存完好。面相圆润，弯眉细目，直鼻小口，大耳下垂，肉髻扁圆。头后有并列两处小方榫口。

 佛头像 2012JYNH∷1742

北齐（550～577）

2012 年北吴庄造像埋藏坑出土

邺城考古队存

高 22.9 厘米

白石头像，保存较好。面相圆润，弯眉细目，直鼻小口，唇上有墨绘须髭，耳垂处有修补痕，螺发，肉髻不显。头后有并列两处小圆榫口。

 佛立像 2012JYNH1:52、585

北齐（550～577）
2012年北吴庄造像埋藏坑出土
邺城考古队存

残高 112 厘米

青石造像，单体圆雕，局部残存彩绘痕。脸型
近椭圆，螺发，肉髻扁圆，鼻梁挺直，嘴角微
翘。体型修长，身着薄软袒右式袈裟，下裾贴
体竖直垂下，通体无明显的雕刻衣纹，身体轮
廓透衣而现。右手曲伸胸前，肘部以下残，断
口处有榫孔，左手在腹侧，掌心向外，指部残，
脚腕以下残断。

 张泽造太子思惟像 2012JYNH4164

隋大业七年（611）
2012 年北吴庄造像埋藏坑出土
邺城考古队存

残高 45.5 厘米，底座长 30、宽 16.5、高 13 厘米
背屏式白石造像。主尊为太子思惟像，裸上身，下身着贴体禅裙，半跏坐姿。
背屏正面浮雕两株菩提树，背面浮雕两身弟子像。底座正面题刻 "大业七年四
月廿日，佛弟子张泽为亡妻双敬造白玉石太子思维像一躯……" 字内填红彩。

 张弘亮造阿弥陀像 2012JYNH1:2493

唐上元二年（675）

2012 年北吴庄造像埋藏坑出土

邺城考古队存

宽 23.6、高 30.2 厘米

一佛二菩萨青石龛像。主尊面相略丰腴，波状发髻，身穿双领下垂式袈裟，结跏趺坐，头后有尖楣形火焰项光。胁侍菩萨裸上身，下身着长裙，一手在胸前持莲蕾，一手贴体提净瓶。龛像下题刻 "上元二年十月廿日，弟子张弘亮……敬造阿弥陀像一铺……"

 倚坐弥勒像 2012JYNH1:1478、1797

唐（618～907）

2012 年北吴庄造像埋藏坑出土

邺城考古队存

高 60 厘米

白石造像，单体圆雕，基本完整。坐佛，面相方圆，螺发，体格健壮。身穿袒
右袈裟，内着僧祇支，减地雕出凸棱状勾旋衣纹，左手抚膝，右手曲至右胸前，
肘部以前残断，垂足下踏连梗小莲台，倚坐于方形束腰须弥座上。

湾漳壁画墓墓室内部

六朝古都邺城，周边分布有各时代陵墓遗迹。研究陵墓区分布、格局与时代特征等也是邺城考古的有机组成部分。东魏北齐陵墓区位于邺城遗址西北，今磁县境内。该陵墓区范围广大，1500余年后的今天依旧坟丘累累。从1986年起，邺城考古队就开始了磁县北朝墓群的调查工作，先后发掘了磁县湾漳北朝壁画墓、北朝墓群63号墓、东魏元祐墓等。通过考古发掘与研究，逐渐在北朝墓群中确定了东魏皇族元氏陵域、北齐皇族高氏陵域。其中1987~1989年抢救发掘的湾漳北朝壁画墓为大型砖筑单室墓，全长约52米。其墓道壁画人物众多，画面精美，墓室出土1800余件陶俑，其中一对大文吏俑堪称北朝陶俑之最，推测该墓为北齐帝王之陵。

 元祐墓志 06JCJM003:14

东魏天平四年（537）
2006年磁县双庙村东南元祐墓出土
邺城考古队存

墓志宽71～71.8、厚12厘米，盖宽70～72、厚12.4厘米
石质。志盖呈盝顶形，顶部正中有一铁环。志石表面磨光，镌刻遒劲魏碑体文字，
志文记载墓主人元祐为太武帝曾孙，历任使持节、都督三徐诸军事、镇东将军、
徐州刺史及侍中、领军将军、卫大将军、仪同三司等职。东魏天平四年（537）
葬于邺都城西、漳河之北的皇宗陵内。

 文石盖碗 06JCJM003:29

东魏天平四年（537）
2006 年磁县双庙村东南元祜墓出土
邺城考古队存

通高 13.2、口径 13.9 厘米
石质，青绿色，有黑斑。碗方唇，直腹，圈足。子母口盖，上有小纽。器表有制作旋痕。

 人面镇墓兽 06JCJM003:22

东魏天平四年（537）
2006 年磁县双庙村东南元祜墓出土
邺城考古队存

通高30.3厘米，底盘长16.3、宽8.7～8.8厘米
陶质，白底涂朱。人面兽身，人面略上昂，双目圆睁，眉脊隆起，须髯卷曲，竖耳，
头顶生角，背起三道剑脊，肋下生翼，短尾卷曲上翘，作蹲踞状。

按盾武士俑 06JCJM003:21

东魏天平四年（537）
2006 年磁县双庙村东南元祜墓出土
邺城考古队存

高 32.2 厘米
陶质，表面施红彩。略残。武士面目可怖，
双目圆睁，竖眉上扬，须髯卷曲，头戴兜鍪，
额前有冲角，身着皮质软甲，左手按抚长盾，
右手握持物已朽。

 文吏俑 06JCJM003:147

东魏天平四年（537）
2006 年磁县双庙村东南元祜墓出土
邺城考古队存

高 25.1 厘米
陶质，白底施红彩。面相方正，杏核眼，弯眉，
细鼻，小口。头戴平巾帻，身着交领宽袖褶服，
外罩裲裆衫，腰束带。左手自然下垂，右手
曲至胸前。

 胡人俑 06JCJM003:115

东魏天平四年（537）
2006 年磁县双庙村东南元祜墓出土
邺城考古队存

高 21.4 厘米
陶质，白底施红色彩绘。杏核眼，弯月眉，
阔鼻小口，须髯浓密，头发卷曲。头戴小圆帽，
上身着圆领窄袖长袍，腰间束带，略鼓腹，
下身较短，脚着胡靴。

 持盆女侍俑 06JCJM003:49

东魏天平四年（537）
2006年磁县双庙村东南元祜墓出土
邺城考古队存

高13.3厘米
陶质，表面施红彩。女俑头梳双髻，细目抿嘴，神态安详。上身穿交领
宽袖衣，下着长裙，左手在腹前斜持深腹盆。

陶碓 06JCJM003:172

东魏天平四年（537）
2006年磁县双庙村东南元祜墓出土
邺城考古队存

长18.3、宽7～7.2、高6.3厘米
陶质，表面施红彩。基本完整。臼坑前卧伏一兽。

 铜镜 06JCJM003:3

东魏天平四年（537）
2006 年磁县双庙村东南元祜墓出土
邺城考古队存

直径 11、厚 0.75 厘米
铜质。中心圆纽，内区为环绕神兽纹，外缘三周装饰纹带，由外向内分别为双
层波状纹、三角锯齿纹和竖棱纹。

 带盘铜杯 06JCJM003:76

东魏天平四年（537）
2006 年磁县双庙村东南元祜墓出土
邺城考古队存

通高 4.1 厘米，杯口径 3.5、高 4 厘米，盘口径 7.8、底径 5.3、高 1.5 厘米
铜质。杯口微侈，深腹，小喇叭状足。盘侈口，浅腹，圈足，腹内有两组同心弦纹。

铜瓶 D6JCJM003:77

东魏天平四年（537）
2006年磁县双庙村东南元祜墓出土
邺城考古队存

通高13、口径4.2、腹径6.6、底径4.1厘米
铜质。敞口，细长颈，圆鼓腹，圈足。颈部
饰多道弦纹，腹部光素。

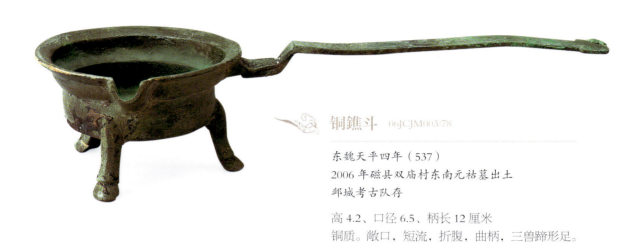

 铜鐎斗 06JCJM003:78

东魏天平四年（537）
2006 年磁县双庙村东南元祜墓出土
邺城考古队存

高 4.2、口径 6.5、柄长 12 厘米
铜质。敞口，短流，折腹，曲柄，三兽蹄形足。

铜虎子 06JCJM003:83

东魏天平四年（537）
2006 年磁县双庙村东南元祜墓出土
邺城考古队存

长 9.9、高 5 厘米
铜质。卧兽状，竖耳，阔鼻，筒口。体光素，背上有提梁。为明器。

 铜烛台 06JCJM003:86

东魏天平四年（537）
2006 年磁县双庙村东南元祜墓出土
邺城考古队存

通高 19.5 厘米，底座边长 7.6~7.9、高 2.8 厘米，烛身高 13.7 厘米，横梁
长 12、宽 1 厘米，烛筒口径 1.4、高 2.9 厘米

铜质。由分铸的四足方座、烛身、横梁和烛筒四部分组合而成。烛身下
部为覆钵形底座，上承八棱立柱，立柱上细下粗，其上以一斗二升形式
承举横梁一根。横梁中部均匀分布三个孔眼，一斗二升上部各有一榫与
左、右孔眼相连，横梁两端各有一个孔眼，与钟形圆筒以铆接形式缀合。
推测该器为仿烛台明器。

 笼冠立俑 06JCJM63:91、163

东魏北齐（534～577）
2006年磁县孟庄村西南M63出土
邺城考古队存

高26.6厘米
陶质。面目清秀。头戴笼冠，上身穿红绘交领
右衽广袖褶服，下身着白底长裙，束腰在胸腹
之间。体略向右侧后扭，微鼓腹，左手贴左胯
下，右手在右腹前持物，所持物已朽。

 风帽立俑 06JCJM63299

东魏北齐（534～577）
2006 年磁县孟庄村西南 M63 出土
邺城考古队存

高 27 厘米
陶质。面相较丰满，眼细长，神态安详。头戴
风帽，身着风衣，领口系带。双手拢于胸前，
其间有持物朽蚀后的孔洞。

兽面镇墓兽 87JCM106:59

北齐（550～577）
1987年磁县湾漳北朝壁画墓出土
邺城考古队存

通高 45 厘米
陶质。狮面兽身，昂首蹙眉，头顶有一短
冲天戟，背后竖起三撮鬃毛，短尾上翘，
作蹲踞状。通体施白底，再以红彩、金彩
绘出花纹，黑线勾绘边缘，工艺精美。

人面镇墓兽 87JCM106:1213

北齐（550～577）
1987年磁县湾漳北朝壁画墓出土
邺城考古队存

通高49厘米
陶质。人面兽身，昂首蹙眉，头顶有一圆形凸
起，背部竖起三撮鬃毛，短尾上翘，作蹲踞状。
通体施白底，再以红彩、金彩绘出花纹，黑线
勾绘边缘，工艺相当精美。

 大门吏俑 87JCM10 :1566

北齐（550～577）
1987 年磁县湾漳北朝壁画墓出土
邺城考古队存

高 142.5 厘米

陶质。出土于石门外东侧。面庞方圆，额头饱满，双眉弯挑，鼻梁高耸，双唇微张，两耳较大。上身内穿白色圆领衣，外套朱红色高领广袖褶服，最外罩裲裆衫，腰束带，下着白色大口裤，足穿黑色笏头履。双臂交拱于胸前。

 按盾武士俑 87JCM106:1204、1219，87JCM106:51

北齐（550～577）

1987 年磁县湾漳北朝壁画墓出土

邺城考古队存

高 46.5、46.6 厘米

陶质。均立于矮座之上。宽鼻，阔口，双目圆睁，面目可怖。头戴兜鍪，额前有冲角，上身穿朱红色窄袖衣，下着白色大口裤，外罩铠甲，前胸、后背各有两个圆护，腰束宽带，肩加披膊，腿前裹有甲裙。右手握拳原持物，已朽无，左手按一面浮塑兽首图案的长盾。

 步卒俑 87JCM106:376

北齐（550～577）
1987 年磁县湾漳北朝壁画墓出土
邺城考古队存

高 27.6 厘米
陶质。头戴小风帽，帽裙向上卷起，上身内穿圆领窄袖衣，外穿半袖衣，交领左衽，
腰扎带，下穿大口裤，膝部束缚，足登鞋。右臂下垂，手握拳执物，拳心向上
并有一小孔，左臂微抬，手被衣袖所遮掩。

 内甲步卒俑 87JCM106:846、87JCM106:1633

北齐（550~577）
1987 年磁县湾漳北朝壁画墓出土
邺城考古队存

高 30.5、29.7 厘米
陶质。面相丰满。头戴小风帽，帽裙向后拢系，前面加一护甲，甲带在脑后系结，上身内穿圆领窄袖衣，外套半袖军衣，交领右衽，腰扎革带，下穿大口裤，膝部束缚，足登鞋。右臂下垂，手握拳执物，拳心处有一小孔，左臂微抬，手被衣袖所遮掩。

 鼓乐立俑 87JCM106:979

北齐（550~577）

1987 年磁县湾漳北朝壁画墓出土

邺城考古队存

高 26.4 厘米

陶质。头戴小风帽，上身内穿圆领窄袖衣，外着右衽广袖褶服，左袖口系结，袒露右臂，腰扎宽带，膝部束缚。右臂抬起握拳贴于腰部，左臂上举握拳置于左胸，拳心各有一孔，原应持有物品。推测为击鼓俑。

 鼓乐立俑 87JCM106:0205

北齐（550~577）

1987 年磁县湾漳北朝壁画墓出土

邺城考古队存

高 26.8 厘米

陶质。头戴小风帽，着装打扮均与左侧陶俑同。头微偏向右侧，双臂上举，似作持笛吹奏状。推测为吹奏俑。

 舞蹈俑 87JCM106:351

北齐（550～577）
1987 年磁县湾漳北朝壁画墓出土
邺城考古队存

高 28 厘米
陶质。头戴笼冠，上身穿衣领右衽广袖褶服，下着曳地长裙。身体略向前弓，左腿微屈，双臂抬起略向外展，作舞蹈状，舞姿生动优美。

 胡服老人俑 87JCM106:0394

北齐（550～577）
1987 年磁县湾漳北朝壁画墓出土
邺城考古队存

高 28.5 厘米
陶质。面相庄严，颌下有短须。头戴暗红色弯尖顶胡帽，身穿朱红色圆领广袖长袍，下着白色大口裤，足蹬胡靴。身体略前弓，左腿微屈，右臂上举，作握拳持物状，拳心处有一向上的圆孔。左臂斜向外举，手中亦持物，惜已残失。

 甲骑具装俑 87JCM106:985

北齐（550～577）
1987 年磁县湾漳北朝壁画墓出土
邺城考古队存

高 32.3 厘米
陶质。头戴兜鍪，上身穿圆领窄袖衣，肩加披膊，外面斜披战袍，右袒，下身穿小口裤，膝前裹有甲裙。双臂微抬，双手握拳执物，拳心各有一孔。胯下战马亦全身披铠，头部有面帘，马身胸甲、身甲、搭后等齐备。

 笼冠骑俑 87JCM106:0264

北齐（550～577）
1987 年磁县湾漳北朝壁画墓出土
邺城考古队存

高 32.1 厘米

陶质。头戴笼冠，上身穿朱红色褶服，下穿大口裤。右手微抬，握拳执物，拳心有一孔。左臂横置胸前，手展开，似扶持右手所持物。坐骑为黄色。

白虎壁画 87JCM106 墓道西壁壁画

北齐（550～577）
1989 年磁县湾漳北朝壁画墓出土
河北省文物研究所存

通长 446、通高 114 厘米
墓道西壁第 3 神兽。其通身有黑色斑条，呈腾跃疾走状。头部刻画生动，虎口
大张，淡粉色虎舌微卷。肩部有飞扬的翼髦，腹下有浅粉色横斑格纹，颈、尻、
尾部各有一火焰宝珠。此白虎形象的创作夸张、矫健，动感十足。

千秋壁画 87JCM106 武列六年墓出土

北齐（550～577）

1989 年磁县湾漳北朝壁画墓出土

河北省文物研究所存

通长 158.6、高 61.1 厘米

西壁第 4 神兽。人首鸟身，头部如美女，眉清目秀，朱唇小口，挽双环髻，应为文献中"千秋"之形象。双翅被羽四重，色彩各异，尾部两条长翎，双爪一前一后，呈飞奔状。与东壁男性人首鸟身的"万岁"形象对称。

 神兽壁画 87JCM106 墓道东壁壁画

北齐（550～577）
1989 年磁县湾漳北朝壁画墓出土
河北省文物研究所存

神兽长 156.2 厘米
东壁第 10 神兽，位于东壁第 31～33 人之上的天空位置。该神兽首、身、腿、爪
均为兽形，惟两肩有翼，尾有长翎，似鸟形。其头部表情夸张，两眼圆睁，双
眉紧蹙。神兽双翼展开，四腿腾跃，飞驰向前。

 仪仗人物壁画 S2JCM106 墓道西壁壁画

北齐（550～577）
1989 年磁县湾漳北朝壁画墓出土
河北省文物研究所存

人物高140～152厘米
墓道西壁第11～14人。第11、12、14人头戴帽，上身外穿半袖衣，内穿圆领窄袖
衣，下穿白色大口裤。第13人头戴风帽，上身披对襟袍服，手持仪仗，回首凝
望，双唇紧闭，表情庄重。这4个人物手持仪仗种类有鼓槌、弓盾、长矟等。

仪仗人物壁画 87JCM106 墓道东壁壁画

北齐（550～577）
1989年磁县湾漳北朝壁画墓出土
河北省文物研究所存

东壁第3人高147厘米
东壁第1～6人。第1～4人头戴帽，上身外穿半袖衣，内穿圆领窄袖衣，下穿白
色大口裤。第5人头戴风帽，上身披对襟袍服，手持仪仗，表情刻画细致入微，
须发丝丝不乱。仪卫人物手执各类仪仗，列队徐徐前行。

 仪仗人物壁画 S7JCM106 墓道东壁壁画

北齐（550～577）
1989年磁县湾漳北朝壁画墓出土
河北省文物研究所存

东壁第5人高147.1厘米
该人物头戴青色平巾帻，后有簪，着对襟袍服，领口系带，内穿窄袖衣，腰束革带，
下穿白色大口裤，足穿鞋。双手执仪剑，随仪仗队列前行。其双唇紧闭，表情庄重。

仪仗人物壁画 87CM06 墓道东壁壁画

北齐（550～577）
1989 年磁县湾漳北朝壁画墓出土
河北省文物研究所存

东壁第 30 人通高 173.6 厘米
墓道东壁第27～32人。第27～30人头戴漆纱笼冠，内戴平巾帻，身着上衣下裳
的深衣，圆领内衣，胸下束大带，足穿高头履。手执仪杖类似文献记载中的
"节"、"金节"，其杖黑色，杆上段有六个固定的圆盘，下端呈尖锥状。圆
盘以朱红线勾勒轮廓，两个一组，每组下层圆盘周边绘有细密的垂穗，线描工
整精细。

 仪仗人物壁画 87JCMD06 西壁回眸武将壁画

北齐（550～577）
1989 年磁县湾漳北朝壁画墓出土
河北省文物研究所存

西壁第 42 人高 158.1 厘米
西壁第41～43人局部。其中第42人为一武将形象，高鼻高颧，连鬓胡。身披甲
胄，上身内穿窄袖衣。作回首凝望状。形象威武彪悍。

 大朱雀壁画 87JCM106:装饰壁画

北齐（550～577）

1987年磁县湾漳北朝壁画墓出土

河北省文物研究所存

大朱雀高504厘米

门墙位于甬道前端入口券顶正上方。表面抹白灰，上绘壁画。构图左右对称，正中为一端正伫立的大朱雀，两侧各有凤凰、羽兔、神兽等三种形象，其间辅以彩云、莲花、忍冬等图案。大朱雀圆睛，尖喙，眉侧有耳，两翼伸展，极具动感。

后 记

　　1983 年，中国社会科学院考古研究所、河北省文物研究所联合组建邺城考古队，主要负责河北省临漳县邺城遗址及相关的磁县北朝墓群两处国家重点文物保护单位考古发掘与研究工作。2013 年，在邺城考古工作开展 30 周年、邺城博物馆建馆之际，邺城考古队为了配合博物馆展览陈列，对历年发掘出土文物资料和临漳县文物保管所所藏资料进行了全面梳理，精选出一批文物用于展陈。博物馆开馆之后，观众都对邺城文物之美惊诧不已，又感叹没有图文资料可供仔细观摩。为此，我们精选近 200 件代表性文物拍照撰文、编纂成册，以飨读者，作为了解邺城遗址和邺城文物的补充。

　　本书文物资料主要来源于两个方面：临漳县邺城遗址和磁县北朝墓群。这两个国保单位联系极其密切，磁县北朝墓群是邺城东魏北齐时期的陵墓区，该墓群的考古工作也是邺城考古与研究重要的组成部分。

　　本书框架结构经邺城考古队集体商议确定，文字编写工作分别由朱岩石（前言、第六单元）、沈丽华（第一、二、三单元）、何利群（第四、五单元）负责。文物照相工作主要由中国社会科学院考古研究所张亚斌承担，部分照片由邺城考古队集体完成。此外，中国社会科学院考古研究所季连琪提供了部分资料照片。

　　丰富的邺城文物能够如此系统、生动地呈现在读者眼前，有赖于两三代考古与文物保护工作者长期默默无闻的艰辛努力。他们当中有孜孜以求的学者，也有踏实工作的技师。邺城考古队屈如忠，邯郸地区文物管理所罗平，临漳县文物保管所乔文泉、任学恕、徐书怀，磁县文物保管所张子英等先生，甚至已经离开了我们。本书的面世，是所有为邺城考古做出贡献的先生们共同努力的结果。

　　本书编纂工作得到了中国社会科学院考古研究所、河北省文物研究所和河北省临漳县文物旅游局等单位的大力支持，在此我们一并表示感谢。

邺城考古队

2014年7月

再版后记

    自 2012 年邺城博物馆正式开馆至今已有十年，博物馆成为展示邺城文化和邺城遗址考古成果的重要窗口，得到社会各界的广泛关注和认可。

    近十年来，临漳县委、县政府及省、市文物主管部门为推进邺城遗址保护与利用做出了积极贡献。继 2008 年《邺城遗址保护规划》由邯郸市人民政府正式公布实施，临漳县人民政府、临漳县文物旅游局自 2014 年开始委托中国文化遗产研究院和中国社会科学院考古研究所联合负责《邺城考古遗址公园总体规划》编制，委托中国社会科学院考古研究所负责《邺城遗址考古工作计划》编制，委托中国文物信息咨询中心负责《邺城考古遗址公园建设可行性报告》《邺城考古遗址公园文物影响评估报告》《邺城考古遗址公园建设项目计划书》等编制。在多方勠力合作下，邺城遗址于 2017 年 12 月顺利入选第三批国家考古遗址公园立项名单。目前考古遗址公园的几处重要节点正处于紧锣密鼓的有序建设中。

    邺城遗址作为首批国家重点支持的大遗址，先后被列入了国家"十一五""十二五""十三五""十四五"大遗址保护规划名单，并入选了中国考古学会评选的"百年百大考古发现（2021）"和河北省文物考古学会评选的"河北百年百项重要考古发现（2021）"项目。近十年间，邺城考古队又取得了不少重要的考古收获，如南郭区核桃园北齐佛寺的发现与发掘、东郭区曹村窑址的考古发掘、东魏北齐邺城宫城区大型宫室建筑遗迹考古发掘等。

    本书自 2014 年出版迄今已近八年，为了更好地向社会大众宣传邺城遗址的考古收获，我们对原书进行了个别修订和勘误，予以再版。略显遗憾的是，此次再版未能将博物馆改陈内容与考古新发现补充进来，故此希望感兴趣的读者到邺城遗址和邺城博物馆实地踏访。今后时机成熟，我们将结合邺城博物馆改陈内容出版新书。

    本书的再版得到临漳县委、县政府的大力支持和经费资助，又承蒙文物出版社责任编辑谷艳雪女士认真审读，在此一并致谢！

邺城考古队

2022年6月

责任印制：王　芳

美术编辑：周小玮

责任编辑：谷艳雪

图书在版编目（ＣＩＰ）数据

邺城文物菁华 ／ 中国社会科学院考古研究所，河北省文物考古研究院，临漳县文化广电和旅游局编著. —— 2版. —— 北京 ：文物出版社，2022.6
　　ISBN 978-7-5010-7715-1

　　Ⅰ．①邺… Ⅱ．①中… ②河… ③临… Ⅲ．①文物－临漳县－图录 Ⅳ．①K872.224.2

　　中国版本图书馆CIP数据核字(2022)第093736号

邺城文物菁华

编　　著	中国社会科学院考古研究所
	河 北 省 文 物 考 古 研 究 院
	临漳县文化广电和旅游局

出版发行	文物出版社
社　　址	北京市东城区东直门内北小街2号楼
邮政编码	100007
网　　址	http://www.wenwu.com
制版印刷	天津图文方嘉印刷有限公司
经　　销	新华书店
开　　本	889毫米×1194毫米　1/16
印　　张	13.25
版　　次	2022年6月第2版
印　　次	2022年6月第1次印刷
书　　号	ISBN 978-7-5010-7715-1
定　　价	288.00元